AF435872

José Luis Esteban Penelas

UNIVERSOS LÍQUIDOS. GOTAS DE LLUVIA

Metodología operativa avanzada para un metapensamiento
del proyecto arquitectónico

Esteban Penelas, José Luis

    Universos líquidos : gotas de lluvia : metodología operativa avanzada para un metapensamiento del proyecto arquitectónico / Jose Luis Esteban Penelas . - 1a ed . - Ciudad Autónoma de Buenos Aires : Diseño, 2018.
    166 p. ; 21 x 15 cm. - (Textos de arquitectura y diseño)

    ISBN 978-987-4160-57-7

    1. Arquitectura. 2. Teoría de la Arquitectura. 3. Investigación. I. Título.
    CDD 720

Textos de Arquitectura y Diseño

Director de la Colección:
Marcelo Camerlo, Arquitecto

Diseño de Tapa:
Liliana Foguelman

Diseño gráfico:
Karina Di Pace

José Luis Esteban Penelas

UNIVERSOS LÍQUIDOS. GOTAS DE LLUVIA

Metodología operativa avanzada para un metapensamiento del proyecto arquitectónico

diseño

UNIVERSOS LÍQUIDOS. GOTAS DE LLUVIA

Metodología operativa avanzada para un metapensamiento del proyecto arquitectónico

ÍNDICE

*No hay nada más turbador que los movimientos
incesantes de lo que parece inmóvil.*

DELEUZE

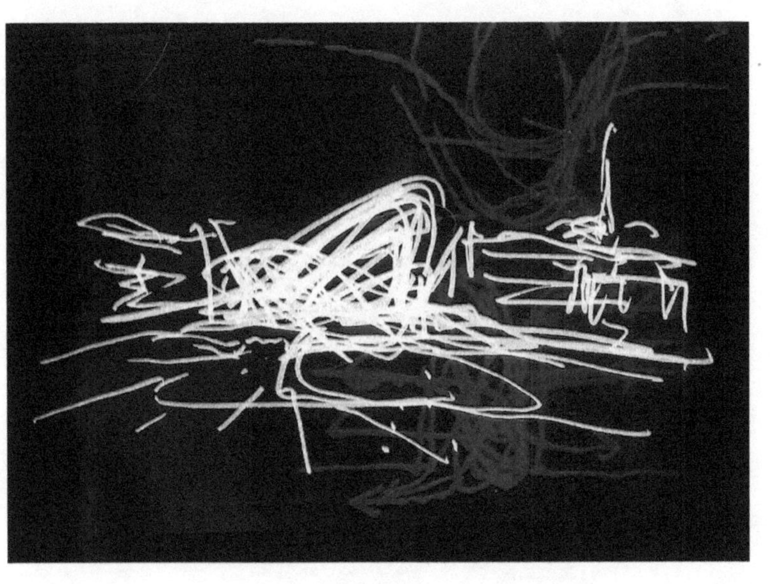

1. INTRODUCCIÓN

GOTAS DE LLUVIA...
SIGLO XXI: *TRANSFORMACIONES* SUPERACELERADAS

1.

Estos textos se presentan como una convocatoria abierta de *escritos-devenires-reflexión*. Se pretende establecer una crítica sobre los posicionamientos de la arquitectura hoy en sus relaciones con las disciplinas configuradoras del pensamiento contemporáneo (pintura, escultura, arte público, paisaje, fotografía, crítica, antropología de lo social, filosofía, cine, nuevos medios, etc.) y sobre las apasionantes interconexiones existentes entre éstas y aquélla que, cada vez, con mayor intensidad, nos envuelven de manera inevitable.

Como una ingente espiral constantemente ascendente que envolviera de manera vertiginosa los infinitos reflejos de la sociedad y de la arquitectura de hoy.

Mirar la Arquitectura desde fuera de la Arquitectura.

Desde aquí proponemos una interpretación más avanzada de estas interrelaciones –centradas en la docencia– inmersa en la situación actual de la Sobremodernidad (Augé).

Presentamos estos textos como una reflexión, surgida, fundamentalmente, de la necesidad, y de la cada vez menos presencia, en estos momentos, de un pensamiento complejo y multidisciplinar. O, en palabras de Lyotard, presentamos "un informe sobre el saber en las sociedades más desarrolladas".

Unos documentos para el debate, la crítica y el pensamiento.

Surgen así este proyecto docente y estos *textos-diálogos* de reflexión, entre la docencia de la arquitectura, la crítica, la práctica y el posicionamiento personal como arquitecto dentro de la complejidad de la contemporaneidad actual en este inicio de siglo de *transformaciones superaceleradas*.

Todo ello inmerso en la situación actual en los análisis de los modelos civilizatorios, en la época actual que se ha denominado indistintamente era de la Sobremodernidad (Augé), Sociedad Postindustrial (Daniel Bell), Supermodernismo (Ibellings), Modernidad Líquida

(Bauman), Ultramodernidad (Marina) o Sociedad Posthumana (Fukuyama), dentro del fenómeno común de la globalización.

Pretendemos, de alguna manera, que se ponga en marcha un sentido de reactivación del pensamiento crítico vinculado a la docencia, potenciado con una mirada transversal... o, mejor, *"en tranversalidad"* (Derrida habla de un nuevo concepto del espacio entendido desde el movimiento, lo que ha denominado *espaciedad*). La intención de estos textos que, en cierto sentido, reúnen el pensamiento personal de los últimos años, configurando un estadio inter-medio capaz de generar nuevas estrategias en el futuro –lo que ha permitido una fundamental continuidad– es la de percibir la arquitectura desde la mirada absorbente y apasionada desde fuera de la arquitectura. O, en palabras de Deleuze, pretendemos con estos textos establecer la inquietud expectante y turbadora sobre todo lo que nos rodea como arquitectos, como profesores, como creadores... sobre todo lo que es más inquietante, lo que parece inmóvil pero que, sin embargo, está en movimiento constante.

Como ocurre con la arquitectura y la ciudad en este inicio de siglo.

2.

La docencia, la producción y el pensamiento hoy, están influenciados e interconectados, cada vez con mayor intensidad, por los flujos de la multiplicidad de disciplinas que atraviesan los actos de creatividad.

La producción de la arquitectura (y, por tanto, de la enseñanza de proyecto de arquitectura), se entiende, cada vez más, como una producción conjunta interdisciplinar, desde la complejidad y la multiplicidad de una serie de visiones transversales: filosofía, antropología, sociología, biología, escultura, pintura, física, geografía, cine, economía ingeniería, paisajismo, medioambiental, literatura. Análogamente a como se produce el mismo proceso en las demás disciplinas del mundo de las artes y las ciencias mencionadas.

Las claves de la riqueza de la Arquitectura se encuentran, cada vez con mayor fuerza, en su mirada interconectada con las demás manifestaciones de la cultura contemporánea. La arquitectura y las artes en general están mutando a gran velocidad. Conceptos como velocidad, espectáculo, anonimato, límites, movilidad, definen la actual sociedad globalizada amalgaman la situación actual.

Esto he pretendido, también, que se transmitiera en estas líneas.

3.

En estos textos se plantea, por tanto, esta interrelación apasionante entre una amplia multiplicidad de disciplinas. Se persigue el objetivo de reflexionar sobre esta nueva e inevitable evolución, de la que está surgiendo una nueva poética y una renovada estrategia para la producción de una *docencia avanzada* en el magma de hoy hacia el futuro, a través de la creación, unida al pensamiento: una apasionante nueva mirada hacia la enseñanza en este nuevo milenio.

Quiero terminar estas líneas transmitiendo mi mayor reconocimiento generacional a todos los amigos, profesores y arquitectos, que han representado esta actitud dentro de sus diversos enfoques y disciplinas, y están ubicados dentro de posiciones vinculadas a las últimas vanguardias y tendencias, tanto en su producción como en la complejidad de su pensamiento. Sin ellos, no hubieran sido posible estos textos.

4.

El sentido último de estas líneas es el de transmitir, a través de los textos, el pensamiento complejo que estructura –o que debería estructurar– la docencia hoy, y transmitir unas intensas discusiones sobre la enseñanza del Proyecto Arquitectónico desde la interioridad.

La intención última es lograr que el lector se sienta inmerso, como si estuviera asistiendo como alumno al desarrollo de unas clases sobre el pensamiento del proyecto: como un espectador filtrado a través del tiempo –como si hubiera sido absorbido por él– en estos textos.

Y pretender, por último, también, que estos posicionamientos y pensamientos no se pierdan en el devenir del tiempo, "como lágrimas en la lluvia"...

> *"He visto cosas que vosotros no creeríais. Naves de ataque en llamas más allá de Orión.*
> *He visto rayos-C brillar en la oscuridad cerca de la puerta de Tannhäuser.*
> *Todos esos momentos se perderán en el tiempo, como lágrimas en la lluvia."*
>
> RIDLEY SCOTT, *Blade Runner.*

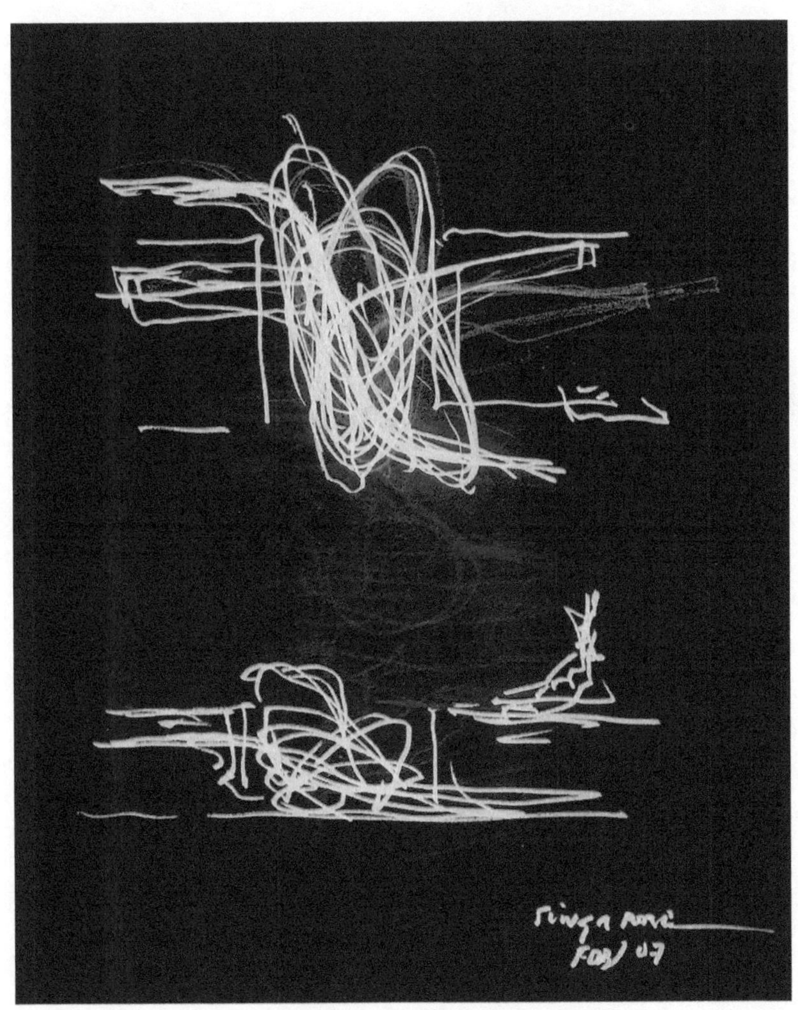

2.

UNIVERSOS LÍQUIDOS. GOTAS DE LLUVIA. METOLOGÍA OPERATIVA AVANZADA PARA UN METAPENSAMIENTO Y UNA METADOCENCIA DEL PROYECTO ARQUITECTÓNICO

INTRODUCCIÓN. MUTACIONES. PANTALLA GLOBAL. VELOCIDAD DE ESCAPE

Presentamos un trabajo "en mutación", dentro del concepto inmerso en la situación actual que Alesandro Baricco define como "una especie de acontecimiento que se compone de innumerables subacontecimientos simultáneos". ("Los Bárbaros. Ensayo sobre la mutación").

Desarrollamos un proyecto docente-investigador, que hemos denominado *Meta-Docencia Avanzada*, dentro de la contextualización, de nuevo, de la hipercompleja situación actual, sumergida de lleno en "una revolución tecnológica... una revolución lingüística..." (Baricco) donde se utiliza una nueva lengua.

Es lo que denominamos desde aquí con un nuevo término, Hipersociedad: una sociedad en constante mutación, donde "no hay fronteras, no hay civilización de un lado y de otro bárbaros: existe únicamente el borde de la mutación que va avanzando y que corre por dentro de nosotros". Una *hipersociedad* en la que "somos mutantes todos, algunos más evolucionados, otros menos" (sic).

O, en otros términos, estamos hoy ya integrados en el Corazón del Laberinto (Pinillos), independientemente de que la superficialidad licuada de la globalización sea positiva o negativa (simplemente está ahí, premanentemente y de esa determinada manera), donde predomina "la superficie en vez de la profundidad, la velocidad en lugar de la reflexión, las secuencias en vez del análisis, el *surf* en vez de la profundización, la comunicación en vez de la expresión, la *multitasking* en vez de la especialización, el placer en vez del esfuerzo... Eso es lo que está sucediendo a nuestro alrededor" (sic).

Y dentro de esta situación de la superficie, de la velocidad, de las secuencias, del *surf*, de la comunicación, del *multiskating* o del placer, parece que es inevitable el surgimiento y la aplicación de un nuevo sistema estratégico docente –o lo que denominamos Sistema Proyectivo Abierto- para la enseñanza del proyecto de arquitectura. Un nuevo sistema propio del siglo XXI.

Pero paralelamente presentamos un "trabajo en preparación", como significa James Clifford en sus "Itinerarios Transculturales" (Gedisa Ed.) al referirse a sus investigaciones sobre antropología. En nuestros propios términos, sería un trabajo en constante preparación, pero, simultáneamente, un "trabajo en proceso". Un proyecto conscientemente abierto. En el que se irán introduciendo *in-puts* con el paso del futuro...

Clifford también dice, refiriéndose a la antropología, que "cualquier enfoque es, en definitiva, excluyente; no hay metodologías políticamente inocentes en materia de interpretación intercultural". Podemos decir, con Clifford, extrapolándolo al mundo nuestro de la arquitectura y de la enseñanza del proyecto, que no hay proyectos docentes políticamente inocentes (ni creo de manera radical que deba haberlos) en materia de *proyectación* e interpretación arquitectónica.

Pero simultáneamente surgen una serie de preguntas –haciendo otra extrapolación desde Gilles Lipovetsky ("Los tiempos hipermodernos", Anagrama Ed. 2006) y desde Gilles Lipovetsky con Jean Serroy ("Pantalla Global. Cultura Mediática y cine en la Era Hipermoderna", Anagrama 2009) que inciden de manera directa en este nuevo siglo "de la pantalla omnipresente y multimediática": ¿qué clase de vida cultural y democrática anuncia el triunfo –indudable– de la arquitectura mediática y digitalizada? ¿Qué porvenir aguarda al pensamiento y a la expresión arquitectónica y urbana en este cambio de siglo y de paradigma económico con el manto de la crisis a escala mundial? ¿Hasta qué punto reorganiza la vida de hombre el despliegue de la superinformación y del supercrecimiento de las megaciudades de hoy?

Todo ello incrementado con la aparición de una cada vez mayor multiplicidad de pantallas y *espacios virtuales*: las de la publicidad, los videojuegos, los videoclips, las digitales, las del mundo-red.

Según Baricco es imposible no darse cuenta: con la era de la pantalla global (y nosotros podemos decir, de la arquitectura y de la ciudad global) lo que está en proceso es una tremenda mutación cultural que afecta a crecientes aspectos de la creación e incluso de la propia existencia. Y, en nuestro caso, de la propia existencia de la arquitectura y de la ciudad tal, como se han entendido durante más de veinte siglos.

Todo ello desde lo que Lipovetsky y Serroy llaman una *segunda modernidad*, que denominan "hipermoderna y que se expresa tanto en los signos de la cultura como en la organización material del hipermundo" (sic).

Richard Sennett al referirse a los estudios sociológicos de los "agujeros estructurales" (secciones de la red social desconectados entre sí), significa que el impulso a arriesgarse, incierto, peligroso, inherente a los seres humanos, dice más de una serie de motivaciones más próximas a un orden cultural. Según Sennet "la cultura moderna del riesgo se carateriza porque no moverse parece casi una muerte en vida". (Richard Sennett "La corrosión del carácter. Las consecuencias personales del trabajo en el nuevo capitalismo", Anagrama Ed. 2000).

Desde aquí, inevitablemente, y de manera consciente, presentamos un trabajo, un proyecto o un "planteamiento docente, de investigación y de gestión" *transversalizado* y, simultáneamente, dirigido hacia un enfoque personal pero, pienso, estoy convencido, capaz de ser extrapolado, mutándose a otras figuras docentes e investigadoras, y cuya metodología no quiere ser, de igual manera, políticamente inocente. Es, o pretende ser, una metodología (o, por qué no, una anti-metodología) radicalmente dirigida. Local y simultáneamente global. Apasionada y simultáneamente, racional. Y también un trabajo arriesgado en el sentido de Sennet: un riesgo docente e intelectual.

Es un trabajo que ha de entenderse como el tránsito por una serie de sendas siempre abiertas e inconclusas, de transacciones que toman una variabilidad de rumbos diferentes. Queremos presentar, en paralelo, una reflexión sobre la enseñanza del proyecto de arquitectura. Una reflexión que posibilite, a su vez, y que genere debate y posteriores reflexiones. Una reflexión dentro de los contextos de la globalización y localización, dentro de una situación glo-cal como hemos significado antes (en la que, inevitablemente, estamos inmersos, ya se dilucidará en un futuro su viabilidad o no; es, estrictamente, la que existe), y dentro del marco docente que puede ser capaz de ser desarrollado en las escuelas de Arquitectura que, claramente apuestan por una visión trans-cultural y transversal del conocimiento, de la cultura y del pensamiento. Dentro de un mundo ya hiperconectado (tanto política, como social, como arquitectónicamente), y cada vez más caracterizado por la movilidad, la supercultura, la velocidad y la superabundancia de la información.

Universos líquidos

Podemos decir que la situación de la actual era postindurtrial (Bell) hoy, como significa Mark Dery ("Velocidad de Escape"), parece estar cada vez más cerca del límite de la *velocidad de escape* (la velocidad con la que una nave espacial abandona la Tierra).

Pero también podemos decir, de manera más aproximada en relación al contexto de hoy, que la situación actual está en una expansión continuada, como el universo: la arquitectura se mueve en un universo cada vez más complejo, más amplio, más expansivo, líquido, donde se nos presenta todo el pasado, toda la historia, como un gran libro abierto (o, más adecuadamente dicho, como un ordenador en el que hubiera abiertas miles de ventanas simultáneas), donde podemos – como en los grandes hipermercados o en los grandes centros comerciales– escoger, husmear, comprar, analizar, incluso tocar, todas las tendencias y corrientes arquitectónicas con la mayor facilidad.

La historia de la arquitectura y del urbanismo habita en un centro comercial.

El poder no es de quien tiene la información, ya que ahora, por fin, es accesible a todo el mundo (no como ocurría en los años ochenta e incluso noventa): el poder es de quien sabe dirigir el acceso a esa información. Es la "génesis del maetacampo del poder" extrapolado a la arquitectura hoy (Bordieu, "Sobre el Estado")

El clic de la Historia

Ahora podemos acceder a toda la Historia de la Arquitectura con un simple clic.

Hay síntomas de que la enseñanza del proyecto –al menos, en determinadas organizaciones ancladas de una metodología derivada de los postulados de la rigidez academicista del posmodernismo– se está quedando, en cierto sentido, como la del intento de acertar a una bala con una flecha.

Desde aquí, proponemos volar con la bala.

VELADURAS

Primera veladura...

Proponemos desarrollo del presente trabajo como un intenso y apasionante paseo de indagación por el intrincado bosque de la mutable complejidad de nuestra época, por la complejidad de un universo de nuevas posibilidades por el que la arquitectura de este inicio de siglo está desplazándose. Una hipercomplejidad fruto de fuertes procesos de transformación en sus estructuras económicas, políticas, sociales y culturales, a través de los múltiples y ramificados senderos configurados por los vacíos de las seductoramente fluctuantes metaciudades (y de la arquitectura) de la hibridada situación de hoy.

Plantearemos esta exposición como una serie de recorridos por sustratos paralelos, con la intención de ser llevada más allá de un recorrido curricular. Una sucesión de iridiscentes reflejos, como si estuviéramos en la cámara de los espejos de un descomunal caleidoscopio. O atravesando los sucesivos planos simultáneos de un cuadro de Braque. O penetrando en el Gran Vidrio de Duchamp –de nuevo, el referente del Gran Vidrio– el paradigma que ya no es capaz de resumir la complejidad actual. O, en definitiva, desplazándonos por la Botella de Klein, la metáfora superparadójica que llega a representar la multicomplejidad hiperdensificada del inicio de este siglo, y que sustituye definitivamente al concepto de del *Gran Vidrio* de Duchamp, que llegó a representar, a su vez, el paradigma de la complejidad del arte del siglo **XX**.

Estos reflejos se irán superponiendo, originando una sucesivos mantos de Penélope que irán desvelando, en su transcurrir, una urdimbre de diversas angulaciones en torno, fundamentalmente a la docencia, sin desligarse de los rostros de la investigación y de la gestión. Rostros intangibles, difusos como la sociedad avanzada de hoy, que entendemos indefectiblemente ligados a otro rostro, fundamental, ya mencionado, de la docencia.

Intentaré plantear este trabajo, además, como un intento de aproximación a la visión que estructura su entendimiento y su aplicación, a través del desarrollo de más de veinticinco años de docencia.

Una transmutación itinerante entre la vida profesional –todo es Arquitectura, es emocionante y estimulante percibir la vida a través de la Arquitectura– de manera que se irán entrecosiendo e hilvanando, como una urdimbre tridimensional fluctuante en movimiento e intangible, a través de la multiplicidad de reflejos, la trayectoria vital, la docente y la profesional, como un espacio fluido continuo configurado por palabras.

Cada vida, como decía (desde su fundamental y magistral enseñanza Juan Daniel Fullaondo), es una aventura diferente. La aventura de cada arquitectura –podríamos decir también que de cada docencia– es a su vez, una aventura diferente.

Un recorrido no lineal por esta trayectoria que podríamos denominar vital-personal-docente-arquitectónica.

Será un posicionamiento radical, desde la interioridad, tal y como pienso –estoy convencido de ello– que debe ser la docencia: llegar al alumno al borde del vacío... y atreverse a saltar. Ahí debe estar el profesor para, en un momento determinado, lanzar una cuerda. Los grandes creadores han avanzado, siempre, varios –o muchos– pasos más.

Este punto nos conduce directamente a uno de los aspectos fundamentales de esta exposición-reflexión: actualmente seguimos vinculados, de manera inevitable, a unos códigos de enseñanza directamente relacionados con una metodología emanada de las Escuelas Técnicas del siglo XIX. O, como mucho, seguimos vinculados fuertemente a las enseñanzas derivadas de la Bauhaus (ya casi hace un siglo).

¿Se puede plantear, entonces, una revisión metodológica docente acorde con las transformaciones aceleradas de la metasociedad de hoy?

Parte de este trabajo va a intentar contestar y dar respuesta a estas preguntas.

Segunda veladura…

Planteamos este proyecto como una intensa mirada hacia la arquitectura, desde el exterior de la propia arquitectura. Una multiplicidad de breves travesías. Una metáfora capaz de resumir la complejidad magmática y fluctuante de la situación actual, surgida como resultado de fuertes procesos de transformación en las estructuras económicas, sociales y culturales.

La arquitectura hoy no puede entenderse tomando como base, por ejemplo, la nueva poesía de los nuevos espacios configurados por las ciudades de hoy –o la poética del espacio, entendida según Bachelard– que se ha entendido como inherente a ella en el pasado, incluso en el Movimiento Moderno. Esta nueva poesía que parece reclamar la arquitectura hoy –y, por tanto, la estrategia proyectiva para producirla– no es una poesía bella, posiblemente –como dice Houllebecq. Pero es una nueva poesía paradójica, originada en las actuales metrópolis generadoras de límites porosos, de devenires mutables.

Tercera veladura. Premisas de partida…

Ante una actual y evidente situación cambiante y en constante transformación acelerada, de la que somos por primera vez conscientes en la historia de la humanidad (Jarauta), cabe preguntarse cómo se puede abordar una nueva definición del espacio, del Proyecto de arquitectura, de la misma arquitectura hoy, y qué nuevos tipos de sensibilidades y requerimientos son necesarios para abordar –si es posible– una nueva (o nuevas) definiciones de arquitectura. Y si son, realmente, posibles estas nuevas definiciones. Ya que, pensamos, sí son necesarias. O, en definitiva, una nueva definición y re-enfoque de la docencia del Proyecto de Arquitectura.

En otras palabras, creo con toda certeza que son necesarias nuevas palabras unidas a nuevos conceptos que sean acpaces de definir la situación hipercompleja de hoy.

Pero para ello haría falta una nueva definición del concepto de espacio o, en última instancia, un entendimiento del espacio desde lo fluctuante y lo cambiante: como, por ejemplo, el nuevo concepto de espacio ligado al concepto de movilidad (*espaciedad*, Derrida).

Cuarta veladura...

Tendremos en cuenta también, evidentemente, como punto de partida, la situación actual en los análisis de los modelos civilizatorios, en la época actual que se denomina indistintamente era de la sobremodernidad, según Augé, sociedad postutópica, según Jarauta, sociedad postindustrial según Daniel Bell, supermodernismo, (Ibellings) o sociedad posthumana (Fukuyama), dentro del fenómeno común de la planetarización.

Asimismo, analizaremos previamente como operación de situación en un contexto general, la situación actual de la globalización o planetarización, de la que se parte. Asumimos que, dentro del modelo civilizatorio actual es la que existe, y es asumida desde aquí como frío dato de partida. Como una ingente espiral constantemente ascendente que envolviera de manera vertiginosa los infinitos reflejos de la sociedad de hoy.

Planteamos esta breve disertación, por tanto, como un recorrido con una mirada hacia el mundo apasionante y apasionado de la Arquitectura, su docencia, y sus relaciones con el mundo. No desde el ensimismamiento del Proyecto, sí de las posibles estrategias proyectivas desde el exterior de aquél.

Hablaremos de arquitectura-proyecto-investigación, en una ecuación heurística en la que estas tres variables se presentan como constantemente intercambiables entre sí, fluctuando entre ellas.

Somos conscientes, por primera vez en la historia, de la complejidad magmática y fluctuante de la Sobremodernidad, como resultado de los fuertes procesos de transformación acelerada del mundo contemporáneo: la potenciación del yo, del ego, del individuo la aceleración del tiempo y de la historia y la superabundancia de espacio (Augé)

La trans-formación de la conciencia del ciudadano desde lo físico interpuesto en su visión originada en la ciudad clásica y que llegó hasta el Movimiento Moderno, tal y como se entendía hasta ahora, los vacíos de aquél modelo de ciudad, que llegaron hasta la posmodernidad, y fueron potenciados por ésta, y que significaba lo compartido, están siendo sustituidos a gran velocidad (en el sentido especificado por Deleuze) por los flujos informativos. Se está así, produciendo la desintegración del medio físico de la ciudad como medio compartido, derivando hacia la ciudad entendida como una sucesión acumulada hojaldrada, conformada por una multiplicidad carrolliana de capas icónicas (Pardo).

Por eso, en la mutabilidad actual hibridada en la metamorfosis de la arquitectura del escenario sobremoderno, la inteligibilidad de los ámbitos sin significar de las ciudades parece que no puede entenderse ya, como se entendía con Norberg-Schultz o con Jencks, en los que, las actualmente ya obsoletas connotaciones, y adscritas en aquél momento (como metáforas ensimismadas y autistas) al entendimiento de los espacios de la arquitectura, como identidades y caracteres comunes, suscitaban apasionadas, irrenunciables, inmanentes afinidades a finales del pasado siglo.

Nosotros proponemos un acercamiento a la lectura de estos ámbitos tomando como base una serie de agenciamientos –según la definición de Deleuze– de orden antropológico, filosófico, sociológico, y psicológico.

En otro sentido, presentamos este proyecto-ensayo como una reflexión, surgida, fundamentalmente, de la necesidad en estos momentos de un pensamiento complejo y multidisciplinar.

METODOLOGÍA CONCEPTUAL. CONCEPTO. PLANTEAMIENTO. HACIA UNA "METODOLOGÍA OPERATIVA AVANZADA"

Proemio

PROYECTAR.

Proyectar significa arrojar.

Proyectar es lanzar, dirigir, disponer o proponer el plan y los medios para la ejecución de algo.

Proyectar es hacer visible sobre un cuerpo o superficie la figura o sombra de otro.

Proyectar. Geometría. Trazar líneas rectas por todos los puntos de un sólido u otra figura, según determinadas reglas hasta que se encuentren en una superficie.

(DRAE)

PROYECTO.

Proyecto significa el designio o pensamiento de ejecutar algo.

Proyecto: planta y disposición que se forma para un trazado o para la ejecución de una cosa, anotando y exendiendo todas las circunstancias principales o pensamiento de ejecutar algo.

(DRAE)

PROYECTIVO.

En su doble acepción: "proyectación" y "proyección".

Anticipación de movimientos, pero también construcción de relaciones –trayectorias y figuras– arrojadas unas sobre otras mediante operaciones de encuentro y de enlace a la vez.

Transfers, tráilers, epítomes multiescalares: son mapas de relaciones asociados a esa condición proyectiva del proyecto avanzado.

(DICC. DE ARQUITECTURA AVANZADA)

PROYECCIÓN.

En el psicoanálisis, atribución a otro de los defectos o intenciones que alguien no quiere reconocer en sí mismo.

(DRAE)

PROYECTIVIDAD.

Propongo este término, como una nueva acepción capaz de hacer asumir en el proyecto y en el *proceso* de proyección, las transformaciones aceleradas del mundo contemporáneo, así como los constantes cambios que se imbrican con la arquitectura. Es un concepto equivalente al de espaciedad de Derrida: el entendimiento y la percepción del espacio desde el punto de vista dinámico. Consideramos que surge la necesidad de proponer nuevos conceptos unidos a palabras que denoten y expliciten las nuevas metodologías operativas vinculadas a los nuevos procesos proyectivos y a las nuevas tecnologías, en la sociedad informacional de hoy. Proponemos el proyecto abierto en la era de la Sobremodernidad de hoy, frente a los postulados del proyecto cerrado derivados de las premisas del posmodernismo y dirigido a un término conclusivo.

INTRODUCCIÓN: PROCESOS. ESTRATEGIAS. DEVENIRES. TRANS-FORMACIONES

La investigación en el mundo proyectivo hoy, parece que debe plantearse constantemente abierta hacia una variabilidad de ámbitos, a su vez, en constante cambio: como densificados magmas que surcan los múltiples rostros de los devenires de la era actual de las transformaciones aceleradas (Augé), de la espectacularidad y del simulacro (Debord).

Nuestra existencia se desarrolla filtrada a través de nuevos paisajes de ocupaciones evolutivas, que conjugan una condición artificial y natural simultáneamente: nuevos límites y vacios en los que las identidades se reproducen y se reinventan instantáneamente en aquéllas. Nuevas ubicaciones. Nuevos referentes.

Así, el planteamiento de una estrategia proyectiva docente de la disciplina de Proyectos Arquitectónicos puede enfocarse en una multiplicidad de ámbitos diferentes, con una evidente y radicalizada diferenciación entre sí y marcadas singularidades, pero que aúnen un marco común de afinidades y proximidades conceptuales: se caracterizarían, según Deleuze, en que sólo difierirían las semejanzas entre ellos, pero sólo sus diferencias los asemejarían.

Por otra parte, las escalas de esta visión docente, ligada a la arquitectura de la sociedad de la espectacularidad (Virilio), del simulacro (Baudrillard) y de la interioridad, adquieren una variabilidad de lecturas y aproximaciones; estaríamos hablando, como se plantea en el proyecto docente, de una multiplicidad de escalas.

Así, se pueden generar estrategias que sean capaces de asumir propuestas que puedan abarcar desde intervenciones en el paisaje –intervenciones macroescalares– de re-configuración del mismo, hasta otras en las que se pueda producir el desarrollo de pequeños objetos arquitectónicos, transitando a través de una trama desigual generadora de las múltiples escalas intermedias que se pueden generar entre ambas.

Por otro lado surge una cuestión apasionante ligada a nuestra época sobremoderna: los límites entre las esferas privadas y públicas se desdibujan, como consecuencia de la súper-urbanización de las sociedades y de las transformaciones aceleradas del mundo actual –junto con el avance de la tecnología y de los medios de comunicación– que están implicando otras transformaciones en los aspectos relacionados con el habitar.

Esto, a su vez, está íntimamente relacionado con la gran velocidad de cambio que está produciendo hoy en día. Asimismo, en contraposición surge la cuestión de la potenciación de la individualidad en la cultura moderna. Y, en otro sentido, los aspectos de la hiperdensificación.

Por otro lado, se podría decir que hoy se entiende la arquitectura configurada por espacios de oportunidad proyectiva y arquitectónica: arquitecturas hibridadas, potencialmente situadas para ser replanteadas, reanalizadas, reconstituidas. Preparadas para adquirir nuevas configuraciones y funciones. Se puede decir que son ámbitos tensionados, productos residuales decantados de diversas épocas, en los que los vacíos o los espacios residuales carentes de significación de nuestras ciudades –en alguno de ellos, preexistentes y, en otros, producidos artificialmente– se podrían configurar como el elemento común de enlace y conexión entre ellos.

Podríamos hablar, por tanto, de estrategias de Proyectos que se plantean en ámbitos diferenciados, estableciendo conectividades entre ellos y con otras disciplinas.

Concepto. Planteamiento. Sistema proyectivo abierto

Dentro de lo señalado, se trataría de investigar, entre otros, sobre temas relacionados con la variabilidad de escalas, lo público y lo privado, lo colectivo y lo individual, el paisaje y el no-paisaje, lo habitacional y lo in-habitacional, la sostenibilidad, la contaminación con otras disciplinas...

La potencialidad arquitectónica señalada, permite investigar sobre una variabilidad de planteamientos, partiendo de un *ámbito-laboratorio* desde el que experimentar y desarrollar una potencialidad de estrategias proyectivas, estableciendo relaciones y conexiones de escala planetaria con otras ciudades y ámbitos en proceso de vertiginosas transformaciones... Conexiones, *links* de interrelaciones proyectivas y escalares.

La estrategia proyectiva tomada como posición frente al proyecto; un nuevo *Sistema Proyectivo Abierto*, propio del siglo XXI; frente al Proyecto (cerrado) del siglo XX. Lo abierto frente a lo cerrado. Sistemas proyectivos en lugar de proyecto concluso. Devenires que sustituyen de manera constantemente cambiante y productiva a inmovilidades de certezas que encontraron su arraigo en las posiciones inmovilistas y revisionistas de los ochenta. La configuración del fluctuante (Lynn) escenario sobremoderno (la Sociedad Posthumana, Fukuyama), parece reclamar lo permanentemente cambiante y mutable que nos ofertan los sistemas proyectivos abiertos, desde una visión de transversalidad, frente a lo finiquitado y concluso de lo que se ha entendido y ofertado –generando inmanencias autistas– hasta los noventa, como la opción, ya cerrada, del *proyecto*.

Debido a la heterogeneidad y a la especificidad de los ámbitos de planteamiento, cada ejercicio y cada nivel de investigación en Proyectos puede desarrollar diversas capas de trabajo, en función de los requerimientos formativos. Asimismo, se pueden plantear alternancias y transversalidades con otros ámbitos de investigación, dentro de un concepto de hibridación.

Objetivos

Uno de los objetivos principales de la disciplina de Proyectos sería la estructuración y la formación del pensamiento arquitectónico del alumno: enseñar a pensar desde el interior/exterior de la Arquitectura como referente vital e intelectual, en torno al cual se organice una jerarquización y una transversalidad de intereses comunes conducentes a esa finalidad, enfocado desde cada una de las líneas de investigación.

Desde esta perspectiva, la enseñanza y la investigación sobre el Proyecto de Arquitectura pretendería abarcar más allá de su propia mirada, más allá del ensimismamiento –casi autista– de la "disciplina" de la Arquitectura. En este sentido, la conjunción de intereses entendidos desde la exterioridad a lo que tradicionalmente se entiende por Arquitectura, o mundo proyectivo, deviene fundamentalmente una urdimbre configurada desde el entendimiento de la situación cultural de las vanguardias (las que se entienden por históricas y, sobre todo, las actuales, desde las líneas de pensamiento contemporáneo) como referente.

La multiplicidad de influencias y de conexiones que se pueden producir, va configurando un mundo hibridado entre la potenciación de la imaginación arquitectónica y su conexión con la madurez en el proceso de investigación: hablamos de la formación integral del pensamiento arquitectónico.

Podemos decir que el objetivo último planteado desde Proyectos Arquitectónicos sería el de la conformación del pensamiento en torno a la Arquitectura, desde el proyecto abierto, como ámbito común aglutinante de todas las disciplinas, desde una situación intelectual, heurística, vital.

Enfocado desde la mirada de otras disciplinas transversales además de la propia arquitectura, tales como la filosofía, la sociología y la antropología, o el arte en general, dentro de la contextualización de la inestabilidad de la situación actual, que surge como resultado de los fuertes procesos de transformación de las estructuras económi-

cas, sociales y culturales, desde una sensibilidad metafórica e interiorizada, desde fuera de la propia arquitectura.

Una nueva forma –una reflexión crítica– de entender y aprehender la
arquitectura y los fenómenos socioculturales y productivos hibridados con ella.

Unas nuevas miradas desde el interior hacia la Arquitectura.

Metodología conceptual

En los programas planteados a los alumnos, se quiere inciir en
aspectos y conceptos relacionados con las transformaciones aceleradas del mundo contemporáneo (Augé), en los conceptos de límite,
borde, densificación, público y privado, macro y microescalar... pero
también otros vinculados a una conceptualización, que puede ser
filosófica, antropológica, literaria, científica...: espectáculo, globalización, planetarización, velocidad, exterioridad, anonimato, desaparición, lo residual, nomadismo.

Aparecen, dentro de la época actual sobremoderna, nuevos espacios, que requieren, también, nuestra atención como docentes y
como arquitectos, que permiten preparar de manera consciente, al
futuro profesional, para enfrentarse a la resolución de las nuevas
exigencias que requieren las radicales transformaciones a las que se
ven sometidas nuestras ciudades: entornos de aeropuertos, extrarradios, afueras, museos, arquitecturas efímeras, áreas de exposiciones, parques, jardines y plazas, bosques urbanos, murallas,
glorietas, rotondas, explanadas, mercados, lonas, zocos y rastros,
hospitales, parques empresariales, hipermercados, facultades universitarias, estadios, autopistas urbanas, ruinas históricas, ruinas
contemporáneas, ruinas reconstruidas y centros históricos, parques
suburbanos, estaciones de servicio, edificios de administraciones
públicas, ríos de las ciudades, aparcamientos, playas ferroviarias,
poblados marginales, factorías reconvertidas, industrias abandonadas por las reconversiones industriales, jardines históricos que
han perdido su significación, torres de comunicación, puertos marí-

timos, malecones, invernaderos, parques históricos, mataderos, puertos secos, nuevas urbanizaciones. Conforman el rostro permanentemente mudable de los ámbitos residuales y espaciales de las metaciudades de hoy, configurando espacios residuales vacíos, conformados a su vez como atrayentes y seductoras acumulaciones por las que caminamos, por las que nos desplazamos en nuestra inconsciente cotidianidad, sabiendo que estamos poseídos por ellas y que son ya nuestros inevitables refugios: fragmentos del presente y del pasado, donde todos los límites se desvanecen, donde el lenguaje es apocalíptico, donde se acumulan reminiscencias, donde se martillea nuestra propia historia y en los que los pensamientos se despliegan. Estos ámbitos sin significación, pero con una gran carga y potencia, permiten armar la urdimbre que configurará los ámbitos de intervención y de desarrollo de los ejercicios.

Estamos inmersos (y la arquitectura) en un magma situacional de referencia, que podemos extractar en los siguientes conceptos: espectáculo, globalización, planetarización, velocidad, exterioridad, anonimato, desaparición, velocidad de cambio, transformaciones aceleradas, exterioridad, residuos. A los que se unen los que caracterizan la Sobremodernidad (o era post-utópica): límites, simulacro, nueva economía, público y privado, movilidad, lo glo-cal, transiciones epocales, escala planetaria, fragmentación, nomadismo.

Por tanto, se plantean siete ámbitos genéricos alrededor de los cuales se estructura la docencia:

- habitacionales. Densificación habitacional.

- de intervención en el territorio y en paisaje: transición escalar. Super y micropaisajes.

- sobre el concepto de lo Público. Espacios del anonimato.

- sobre el concepto de lo Privado.

- interconexiones ente estos conceptos. Interrelación público-privado.

- ámbitos conceptuales relacionados con la Sobremodernidad

- ámbitos socioculturales, socioeconómicos y socioculturales

Se plantea como uno de los hilos conductores principales, la reflexión en torno a varios conceptos genéricos, basados por una parte en el habitar (que engloba las actividades propias del ser humano), y por otra, en un fenómeno característico de nuestras ciudades actuales de la era postindustrial: la asunción y puesta en valor de los conceptos de vacio intersticial, de borde y de límite.

O, en otros términos, reflexionar sobre los límites, las situaciones de transición, las diversas escalas de actuación, en una relación continua con las otras de la movilidad o de la sutura urbana –trascendiendo situaciones exclusivas del ámbito académico– y que han de entenderse en este estadio ya avanzado de desarrollo del aprendizaje de la disciplina de Proyectos Arquitectónicos como un reto a plantearse por el alumno, aprendiendo a "ver" y "detectar" en estos ámbitos urbanos, un apasionante campo de investigación y de trabajo, ampliamente vinculado a los debates y propuestas generados en el ámbito actual de la Arquitectura, de las que, de manera consciente, estamos, voluntariamente, imbricados.

La ciudad ya no es entendible, ni puede serlo ya, eso es evidente, desde los postulados de Rossi (La Arquitectura de la Ciudad), donde los edificios públicos eran los inmanentes y referentes urbanos, o desde la radicalidad simplificadora de Jencks (en definitiva, de la simplicidad básica de la Arquitectura de la Posmodernidad). Actualmente, se entiende desde una óptica mucho más cercana –y esto también parece evidente– a las reflexiones de Koolhaas (se remite a "Lagos") –a las que manifiesto una máxima proximidad– que fue el primero que detectó, antes que cualquier otro arquitecto contemporáneo, que la Arquitectura emblemática estaba siendo devorada por el magmático avance de las supermetrópolis de escala planetaria, preocupándose e investigando en buscar nuevas definiciones y ámbitos donde generar arquitectura y ciudad.

De esta manera, un curso no se desarrolla en "compartimentos estancos" –de nuevo, un planteamiento basado en los postulados finiquitados derivados de los ochenta y que ya no pueden encontrar respuesta en la hipercomplejidad de la sociedad y de la arquitectura de hoy–, sino que los distintos conceptos extractados de lo expuesto

anteriormente, están, siempre, interrelacionados entre sí: habitar
en los bordes; densificación-límites; interrelación público –privado;
microescala-macroescala; territorio y residuo; habitacional-paisaje;
interioridad-exterioridad...

Desde aquí podemos extrapolar e interrelacionar entre sí estos conceptos, densificando el ámbito referencial-conceptual para estructurar la enseñanza de Proyectos. Por ejemplo, podríamos establecer
una relación estructurante, que seguiría así:

- densificación-exterioridad

- límites-macroescala

- territorial-habitacional

- habitar-microescala

- paisaje-densificación

- público-residual

- privado-macroescala

- bordes-microescala

- privado-exterioridad

- territorio-paisaje

- microescala-exterioridad

- residual-macroescala

Una referencia es el caso de las vías rápidas de comunicación en
ámbitos urbanos. Autopistas como la M-40 y la M-50 en Madrid
(tema llevado al paroxismo en otras ciudades como Los Angeles)
que favorecen la movilidad mediante el automóvil, genera la puesta
en valor de territorios contiguos que, simultáneamente, están fractu-
rados. Estos *metalugares* caracterizados por una acumulación paula-
tina de circunstancias de carácter rural o suburbano, se ven fuertemente transformados por las nuevas infraestructuras.

Los ejercicios planteados en ámbitos físicos y conceptuales como estos, requieren propiciar el proceso de respuestas que, desde el campo de la arquitectura, se pueden dar en circunstancias de diversa índole: programa, ubicación, topografía, carácter, etc., con un condicionante de carácter fuerte como es su ubicación al borde de vías rápidas (super-autopistas) de circunvalación.

Los ejercicios plantean asimismo, abordar el problema de la escala de proyectos con vocación pública o privada, en relación, por una parte a la ciudad existente, en la que el aspecto fundamental –desde el punto de vista del concepto genérico planteado– es el de tener un carácter más directamente relacionado con el ámbito privado; por otra parte, implica entender y asumir su latente vocación de actuación arquitectónica emblemática en su percepción desde las nuevas superinfraestructuras urbanas de las metaciudades de hoy (como la mencionada M-40 en Madrid).

Continuando con el planteamiento general docente –el entendimiento de la arquitectura ligada a la reflexión en torno a la multiplicidad del Habitar y de los conceptos relacionados anteriormente (espectáculo, globalización, planetarización, velocidad, exterioridad, anonimato, desaparición, velocidad de cambio, transformaciones aceleradas, exterioridad, lo residual) desde su interrelación con lo urbano como fenómeno característico de nuestras ciudades actuales– se propone el desarrollo de proyectos de intervención en *vacíos residuales radicalizados*, que participen de estas características. En otros parámetros, se trata de reflexionar sobre los límites, las situaciones de transición, los aspectos de las diversas escalas de actuación y su relación con las otras de movilidad o de la sutura urbana.

Sin embargo, con esta metodología no se renuncia a la posibilidad de intervenir en otros ámbitos de la ciudad, como, por ejemplo, los centros históricos (ya que, en última instancia, el concepto es el mismo, una "no-lugarización" ubicada en el centro del centro de las ciudades). Partiendo de la consideración de ser los nuevos ámbitos residuales que, de manera significativa, han quedado convertidos en residuos de la exterioridad (Pardo), partimos de la consideración de que ya no existe el Centro (con mayúsculas), tal y como se entendía, por ejemplo, hasta los ochenta. En este sentido, ya no pasan todos los acontecimientos por el centro de las ciudades; ni siquiera para estar informado hay que pasar por él: el centro no está en el centro y, por tanto, puede decirse (de hecho, ocurre cada vez con mayor frecuencia) que la arquitectura tampoco está ni se produce, exclusivamente, en el centro.

Aparecen, en la ciudad sobremoderna, nuevos espacios y funciones que requieren, también, nuestra atención como docentes y que permiten preparar de manera consciente, al futuro profesional, para enfrentarse a la resolución de las nuevas exigencias que reclaman las radicales transformaciones a las que se ven sometidas nuestras ciudades: como hemos significado anteriormente, entornos de aeropuertos, extrarradios, afueras, museos, áreas de exposiciones, parques, jardines y plazas, bosques urbanos, glorietas, rotondas, explanadas, mercados, hospitales, parques empresariales, hipermercados, facultades universitarias, estadios, autopistas urbanas, ruinas históricas, ruinas contemporáneas, ruinas reconstruidas y centros históricos, parques suburbanos, estaciones de servicio, edificios de administraciones publicas, ríos de las ciudades, playas de aparcamientos, playas ferroviarias, poblados marginales, factorías reconvertidas, industrias abandonadas por las reconversiones industriales, jardines históricos que han perdido su significación, puertos marítimos, malecones, parques históricos, mataderos, puertos secos, nuevas urbanizaciones.

La hiperrealidad se instala en los metaresiduos que se incrustan en las fractalizadas ciudades actuales: de manera análoga a lo que ocurre en la arquitectura. Características que hasta el momento se habían considerado como negativas, como el caos o el desorden, encuentran en los residuos urbanos superlugarizados –es decir, traspasados por los media– un reconocido acomodo y valoración. Esta hiperrealidad también se está instalando entre nosotros, como profesores, y entre los alumnos.

Entonces, podemos decir, desde estos planteamientos, que los trabajos a realizar inciden en conceptos análogos, al considerar el centro desde unos postulados más próximos a la antropología contemporánea y a la filosofía que a la propia arquitectura –de nuevo el entendimiento de la enseñanza de Proyectos desde la transversalidad del conocimiento– como un límite de transición, exactamente con las mismas características que configuran los bordes de las afueras hiperdensificados de las ciudades actuales.

La interrelación público-privado / microescala-macroescala

También –como reflexión a la hora de plantear un ejercicio de Proyectos– significar que la casa está derivando hacia el concepto de una ventana abierta al mundo, desde la óptica de Javier Echeverría, cuando indica, al referirse al tiempo actual, que las casas fueron el ámbito por excelencia de la vida privada, pero está surgiendo la transformación de ámbito doméstico en público.

En este sentido, los proyectos a plantear y desarrollar por los alumnos han de incidir en un carácter amplio de investigación y experimentación en este aspecto. Paralelamente, han de tener una marcada voluntad de conformar ciudad, especialmente en su encuentro con sus tramas más consolidadas.

Se trata, por tanto, de incidir en la REFLEXIÓN sobre el modo de vida, que influye en aspectos como, por ejemplo, aparte de los planteados, las nuevas configuraciones familiares o la casa como prolongación del mundo del trabajo...

Se propone desarrollar proyectos de unidades habitacionales (desde el planteamiento de una vivienda unifamiliar, al desarrollo de edificios de agrupaciones de viviendas o de propuestas macroescalares que representan intervenciones en el paisaje de 10.000 o 20.000 viviendas), en ámbitos de borde en entornos de autopistas (preferentemente) o en zonas consolidadas o como pieza de transición entre las diversas configuraciones de la ciudad, así como en su entendimiento como remate de áreas de ésta.

Esto implica tener en cuenta condicionantes como la transición escalar con las edificaciones y áreas urbanas existentes (tanto para conservarlas como para derribarlas) y el planteamiento del proyecto desde su vocación de suturar los vacios de la discontinuidad de la tramas urbanas existentes. Asimismo, se pretende dotar al ámbito de desarrollo de los proyectos de un carácter y una singularidad –no desligadas de la espectacularidad (Debord)– en la actualidad una de los referentes de la metasociedad de principios de siglo.

Se plantean, además, en paralelo, las siguientes cuestiones transversales:

- ¿puede concebirse una organización vertical y transversal de los espacios públicos, provocado una interrelación con los privados?

- investigar la inclusión de funciones ajenas a la propia del habitar,

- plantear la inclusión del concepto de densidad.

- investigar sobre la característica del nomadismo como una estrategia de acercamiento al desarrollo de los proyectos.

- los bordes: investigar la relación con las viviendas y la posible transformación de aquéllos

LO PÚBLICO

Todo hoy ya es *público*. Desde el entendimiento de este planteamiento, profundamente personal, los cambios en las tecnologías de la información y de la comunicación están afectando al modo en que se plantean las relaciones laborales (y personales) y a los espacios físicos en que éstas se desarrollan. Es objetivo de la docencia, también, la investigación en torno a estos aspectos, así como la posible flexibilidad de uso inherente a condiciones rápidamente cambiantes.

TERRITORIO>PAISAJE

Una carencia recurrente en la docencia de Proyectos Arquitectónicos –puede decirse que prácticamente en todas las Escuelas de

Arquitectura– ha sido la ausencia del planteamiento y la reflexión de ejercicios sobre intervenciones en el paisaje y en territorio. En otros términos, no ha habido una preocupación en la enseñanza sobre lo intersticial o lo residual en la arquitectura, un discurso "sobre lo que queda entre los edificios" y que, en principio, es tan arquitectónico como los propios edificios; de hecho, puede decirse que, si los edificios son arquitectura, los espacios vacíos residuales carentes de significación que quedan entre ellos, evidentemente, también lo son. Y, por tanto, parece que debería centrarse la atención de la enseñanza del proyecto en ellos.

Los ejercicios (que transitan desde una escala intermedia, como diseño del espacio público a otra superescala, como grandes parques e intervenciones que pueden llegar a una extensión de 200 o 10.000 hectáreas) pretenden asimismo, profundizar en el entendimiento del concepto de lo intersticial urbano a escala territorial y plantear respuestas contemporáneas a problemas de sutura y continuidad futura en la ciudad. Desde este entendimiento, se pretende articular estrategias de intervención en las que la dimensión urbana de la arquitectura tome preeminencia en su relación con las tipologías edilicias.

Las intervenciones se plantean entendidas como unas nuevas centralidades, capaces de equilibrar la ciudad y sus usos, con vocación de transformar y trascender su imagen.

La transformación y reducción de los tiempos de recorrido, el concepto de movilidad, así como el entendimiento de la transformación del concepto de lugar (casi podemos hablar de su desaparición, al menos del lugar físico, y no del lugar ontológico, el que es propio del ser humano y, por tanto, no puede desaparecer) han de relacionar directamente estas intervenciones con las ciudades en las que se ubican, en un brevísimo espacio de tiempo.

Tomando como entorno de estudio los ámbitos conformados por los conceptos mencionados, y tras analizar sus condicionantes (topográficos, sociales, urbanísticos, etc.) se ha de desarrollar una intervención de escala urbano-territorial como respuesta a los citados condicionantes previos.

Se entenderán los planteamientos de las intervenciones, relacionados indefectiblemente con la integración futura en propuestas de
ordenación que pueden integrar áreas residenciales de gran escala.

INTERCONECTIVIDAD

Ya no son los tiempos de retrotraerse a Vitrubio (esto, que parece
que tenga que ser evidente a principio del siglo XXI, es la base de
la formación de Proyectos en bastantes Escuelas de Arquitectura):
creo y pienso, con un convencimiento pleno, que hablar de *firmitas*,
utilitas, *venustas*, en estos tiempos magmáticos e hipercomplejos, ha
devenido, definitivamente, obsoleto. Esencialmente, por falta de ade-
cuación a la complejidad de hoy.

Entonces, la gran complejidad de la sociedad postindustrial de hoy
(Bell) –en comparación con la sociedad industrial del pasado siglo,
y mucho más en relación con el resto de periodos históricos– sus
factores sociológicos, culturales, económicos, han hecho que los
referentes para poder sistematizar y desarrollar la docencia (y la profesión) devengan mucho más complejos, numerosos y densos.

Desde la actual estructuración pedagógica de los actuales planes
de Estudios de Arquitectura, derivado de los postulados de Bolonia,
y desde la docencia de Proyectos, proponemos orientar la docencia
hacia una interrelación con las demás disciplinas.

Frente a la visión estructurada en "compartimentos estancos",
donde parece que el objetivo fundamental de la disciplina de Proyectos es adquirir el conocimiento y las herramientas necesarias
para desarrollar lo que antes se entendía por el "oficio" de proyectar
(¿sigue siendo, ya, sólo un oficio?), o, dicho en otras palabras, el
ejercicio de diseñar y proyectar de manera productiva y activa, reco-
giendo en esta praxis los conocimientos adquiridos a lo largo de la
carrera, proponemos una actitud más interconectada. Y, especialmente, más fundamentada, tal y como hemos significado en otras
partes de este texto, en la conformación del pensamiento arquitectónico activo del alumno. El binomio, de nuevo, acción-pensamiento.

Proyecto arquitectónico y formación integral-transversalizada del alumno

Pero el Proyecto Arquitectónico debe complementarse con una serie de hibridaciones —utilizo este término de manera plenamente consciente— con las demás disciplinas que conforman, en el vigente y, muy especialmente el futuro de la formación integral del arquitecto. El arquitecto que debemos y pretendemos formar ha de ser aquél que sea capaz de compaginar imaginación, creatividad y lógica constructiva: debe poder llegar a dominar los procesos constructivos, así como los urbanísticos y los medioambientales.

En este sentido, presentamos una serie de visiones relacionadas íntimamente con las demás disciplinas que confluyen en la formación de los estudiantes de Arquitectura.

Frente a visiones tradicionalistas derivadas de la radicalización próxima al genius loci y al ad hocismo, que ya no son posibles considerar vigentes, por la complejidad actual antes mencionada, en las que el dibujo se presenta como la "herramienta" que permite representar el proyecto, y recuperar "el dibujo como rol tradicional y académico" (sic), planteamos la siguiente cuestión: ¿cómo se produce la interacción entre dibujo y proyecto? Desde la experiencia que puedo añadir como profesor de dibujo en mis primeros años de docencia, podemos decir que el dibujo, así como las técnicas de representación del proyecto, también está mutando a una gran velocidad. Se puede decir, igual que ocurre con la arquitectura, con las nuevas tecnologías y los procesos acelerados de proyección y edificación, con las nuevas exigencias planteadas en la sociedad del conocimiento, con los nuevos planteamientos profesionales, la eficacia ha de ser compaginada con una capacidad proyectual contrastada (como dice Koolhaas, que en China actualmente se desarrolla un proyecto de ejecución de un rascacielos de cuarenta plantas de media en quince días, completo y que, paradójicamente, el resultado medio es de un aceptable nivel arquitectónico).

El dibujo de arquitectura hoy es un "cyborg". Un dibujo humano-maquínico, capaz de ser reproducible en varias dimensiones.

Esto obliga a una interacción de altísima eficacia entre las distintas
partes que configuran un equipo de proyecto y, que sin embargo, en
las escuelas todavía, parece que nos estamos negando a admitir. Es
un proceso que, de manera lenta, pero imparable, se está acercando
a nosotros, a nuestro hiper-edonista mundo occidental. Con esto
no queremos decir que pueda ser beneficioso o perjudicial para la
arquitectura (esto es una cuestión que el tiempo dirá), sino que ha
de implicar, aunque sea por el momento en un ámbito de discusión,
la confrontación y el replanteamiento de las distintas facetas que
configuran y se unen en el producto último proyectivo, que es el proyecto de arquitectura.

Por tanto, como decíamos, el dibujo no parece que deba ser ya una
mera herramienta del proyecto, sino que es componente generativo
y adaptativo que genera espacios a través de los sistemas computa-
cionales y paramétricos, y que ha de iniciarse simultáneamente con
él (Spyropoulos, "Adaptive Ecologies").

Esta reflexión en torno al dibujo hoy, nos conduce también a la interrelación entre las distintas disciplinas que inciden en la formación
del alumnado. Proponemos una formación integral, *transversalizada*,
en constante dialogo con aquéllas.

Proponemos la inter-acción entre todas ellas de manera altamente eficaz.

Ya no son válidas, esto parece evidente, las aproximaciones al proyecto desde el dibujo arquitectónico (y de la enseñanza del proyecto)
derivado de la tradición de Beaux Arts e, incluso, de los postulados
de la Bauhaus, donde los pintores y los demás artistas ponían en evi-
dencia unos procesos –actualmente ya obsoletos por anacrónicos–
de acercamiento al desarrollo proyectivo, y que utilizaban los profesores de arquitectura. Esto, ahora, está evolucionando y mutando,
de nuevo, a gran velocidad. Y somos conscientes, por primera vez en
la historia de la humanidad, de estas vertiginosas transformaciones
acelaradas (Jarauta). No creo que puedan seguir siendo válidas,
actualmente, las herramientas gráficas enfocadas hacia el proyecto
arquitectónico, desde el punto de vista, por ejemplo, de las extrao-
drinarias reflexiones de Zevi, que significaba que la arquitectura

reside sólo en el proyecto, "del que el edificio es sólo una prolongación mecánica".

Esto, ¿por qué? De nuevo surge la complejidad el magma situacional y las transformaciones aceleradas del mundo informacional contemporáneo. Que genera las envolturas alrededor de nuestra existencia: capas sobre capas de constantes mutabilidades, tanto en el proceso de generación de los proyectos como en los posteriores procesos constructivos.

En otros términos, la capacidad de cambio que demanda la sociedad actual ha de ser capaz de ser aprehendida, también por el alumno en su proceso formativo.

Ya no hablamos de "proyecto concluso cerrado" sino de "estrategias y sistemas proyectivos abiertos".

En este sentido, parte de la metodología de la docencia que proponemos se basa en la inclusión del *factor tiempo* en el desarrollo de los trabajos propuestos: generar la capacidad de respuesta frente a problemas aparentemente irresolubles, por programa y por tiempo, pero que, sin embargo, se resuelven de manera eficaz por el alumnado, al adquirir el condicionamiento de automatismos que le permitirán adquirir, a su vez, una elevada capacidad resolutiva.

Esto implica, como parece evidente, que hay que empezar a desechar los postulados de aprendizaje, desde luego, derivados de la Academia, pero también los derivados de las enseñanzas generadas en las vanguardias históricas; porque lo cierto es que una parte de la docencia en Proyectos se sigue generando desde estos últimos postulados. Parece evidente, a su vez, que si las condiciones sociopolíticas y socioeconómicas del entorno han variado vertiginosamente, deberían hacerlo las estrategias proyectivas docentes.

Esta reflexión, incluida dentro del Área de Proyectos, se puede ampliar a las demás disciplinas: Historia de la Arquitectura, Construcción, Estructuras, Urbanismo...

Todo ello en un ámbito como el de la metasociedad globalizada de hoy, en la que el perfil que se quiere generar pretende desvincular de manera fluida la Arquitectura con lo que tradicionalmente se ha entendido como Bellas Artes, y donde parece que es el contexto idóneo para poder plantear una sistematización pedagógica y de nuevos replanteamientos en torno a ella.

Hibridación con los nuevos "medios": el espacio proyectivo-visual

Se propone también la investigación y el desarrollo proyectivo, vinculado a las nuevas tecnologías informacionales audiovisuales, y que son capaces de proyectar y representar el espacio arquitectónico, y adecuarlos a los sistemas complejos demandados por la sociedad del conocimiento.

Metodología operativa avanzada (sistemas proyectivos abiertos)

Aunque se insiste en el interés por los procesos –en otra parte del escrito hablamos de "estrategias proyectivas" en lugar de "proyectos conclusivos"– se incide en un grado de desarrollo de máxima definición, en función de los distintos niveles. No hay procesos si no existen etapas intermedias conclusivas.

El sentido es doble. Por una parte, lograr que el alumno sea consciente de la evolución y de su propio proceso proyectivo. Por otra, servir de estímulo y de replanteamiento de los condicionantes de partida

Estas etapas intermedias suponen, en paralelo, una ejercitación de las futuras condiciones que se pueden presentar en la vida profesional.

Metodología operativa avanzada: desarrollo

Entendemos y proponemos el concepto de Metodología Operativa Avanzada. La podemos definir como los estadios y desarrollos procesuales y proyectivos que deben acompañar, desde nuestro planteamiento docente, el desarrollo de la docencia en la actual era de la información– de nuevo insistimos– conformada por fuertes procesos de transformación en las estructuras económicas, políticas y sociales.

En este sentido, esta propuesta de Metodología Operativa Avanzada propone:

* entender que la arquitectura y los procesos imbricados a ella, no pueden entenderse desligados de la hiperdensidad de acontecimientos que rodean al generador (y no sólo creador) de arquitectura (el antiguo proyectista)

* entender que la arquitectura está envuelta en una sociedad infinitamente más compleja que en siglos anteriores, más que en toda la historia de la humanidad y que, por tanto, requiere de respuestas más complejas, eficaces y densamente conceptualizadas.

* entender que el arquitecto ya no es sólo un "creador" exclusivamente, sino un generador, un activador capaz de organizar estructuras tecnificadas y de alta complejidad .

* entender que la arquitectura ya no es sólo un arte. Está conformada por una complejidad de acciones, y desde sus acciones creativas, surge el pensamiento.

* la Metodología Operativa propone la búsqueda de una nueva conciencia social activa

* propone generar una capacidad de respuesta inmediata, a través de la ejercitación, ante los nuevos programas hibridados que plantea la cambiante sociedad de la información; esta capacidad de respuesta ha de estar preparada para asumir cambios que, de manera inevitable, se producen (ya en la actualidad) en los procesos constructivos y proyectivos.

* propone entender que la arquitectura ha llegado a un estadio conclusivo, dentro de una manera de entenderla espacialmente, tal y como se ha desarrollado hasta la posmodernidad, y que está en proceso de radical mutación y de transformación radicalizada (¿se podría decir en proceso de desaparición?). La arquitectura,

tal y como se ha entendido durante casi más de dos mil años, está mutando a gran velocidad, casi desapareciendo. Conceptos como velocidad, espectáculo, anonimato, límites, movilidad, definen la actual sociedad globalizada, entre los cuales se mueve la producción de la Arquitectura. Tenemos la obligación, como docentes y como arquitectos, de encontrar estas nuevas vías.

- propone el planteamiento de un optimismo radicalizado en la generación de los productos arquitectónicos en proceso de *espacialización*.

- propone entender una máxima operatividad en el trabajo con las demás disciplinas (tecnología, construcción, estructuras, representación gráfica...), que se han de tener en cuenta operativamente desde el inicio del proceso proyectivo (u operativo-proyectivo)

- entender que esta metodología es indesligable de la superacumulación de acontecimientos que rodean las nuevas ciudades, la tecnología y la nueva sociedad en la era de la información.

- entender que la producción y el pensamiento como arquitecto hoy (y podemos decir que en el futuro), están influenciados, cada vez con mayor intensidad, por los seductores flujos de los avances tecnológicos que atraviesan –como sueños surgidos de lo más profundo de nuestro interior– las nuevas propuestas proyectivas.

- entender que la producción como arquitectos, se entenderá como una producción conjunta fruto de un equipo multidisciplinar, desde la complejidad y la multiplicidad de una serie de visiones transversales: filósofos, antropólogos, sociólogos, biólogos, escultores, pintores, físicos, geógrafos, cineastas, economistas, ingenieros, paisajistas, técnicos medioambientales, la robótica.

- propone entender que las claves de la riqueza de la Arquitectura (y de la enseñanza del proyecto) en el futuro se encontrarán también fuera de ella misma. Ése será su potencial. En otras palabras, producir Arquitectura desde fuera de la propia Arquitectura. Pero, a su vez, desde el mundo interiorizado de cada uno.

- entender que la sociedad demanda más emoción y menos información.

- entender, asimismo, que esta metodología, por una parte obliga-
damente académica, es, a su vez, o pretende ser, una anti-metodología: no pretende ser dogmática, pero simultáneamente, puede
llegar a serlo.

- la Metodología Operativa es propositiva. Es mutable con el paso
del tiempo. Propone producir para generar pensamiento posterior.
Propone la acción antes que la reflexión. Propone avanzar. Propone articular el concepto de individualidad con el de relación.
Propone moverse cómodamente en la complejidad. Propone una
nueva inteligencia arquitectónica, capaz de prever las situaciones,
evaluarlas, inventar el modo de salir bien de ellas. Propone buscar
salidas insistentemente. Propone salir. (Marina)

- esta metodología propone entender que es necesario buscar, proponer y encontrar nuevos términos para re-definir la arquitectura,
los procesos proyectivos y la multiplicidad de nuevos sistemas
espaciales complejos que la conforman.

- propone desarrollar un sistema lingüístico nuevo –capaz de adaptarse a los nuevos conceptos espaciales– y, por tanto, propone un
pensamiento de alta complejidad y *transversalizado*, como base
para sustentar y referenciar, así como para proyectar, los nuevos espacios demandados por la nueva sociedad avanzada de la
espectacularidad y del simulacro.

- la Metodología Operativa se caracteriza, fundamentalmente, por
la acción.

- el proceso ha de entenderse como continuo y fluido, sin interrup-
ción, hasta su enlace con el resultado proyectivo último. Cada
parte implica el replanteamiento de los estadios anteriores.

- y, por último, propone entender que está surgiendo una apasionante nueva Poética para producir Arquitectura hoy: propone una
apasionante nueva mirada hacia ella en el nuevo milenio...

REFERENCIAS DIDÁCTICAS PARA LA ENSEÑANZA DE PROYECTOS ARQUITECTÓNICOS: PROCESOS DE CON-FORMACIÓN DEL PENSAMIENTO ARQUITECTÓNICO DESDE LA DOCENCIA

Digresión: consideraciones sobre el espacio. El espacio en la arquitectura. El concepto de espacio. La complejidad del concepto de espacio en el planteamiento docente

> *Quizá el pensamiento arquitectónico no exista; pero si tuviera que haber uno, sólo se podría expresar con las dimensiones de lo elevado, lo supremo y lo sublime.*
>
> DERRIDA

ESPACIO

El arquitecto trabaja con el espacio (o, mejor dicho, con la conceptualización de la conformación del espacio). pero, cabría preguntarse, entonces, cómo se definiría y qué es el espacio dentro de los actuales parámetros socioculturales de hoy.

Para ello. a su vez, tendríamos que entrar a analizar el concepto de espacio, la noción de espacio, dentro de su ingente –y apasionante– complejidad.

El concepto y el término de espacio surge de manera constante en la docencia del Proyecto Arquitectónico. Este término, sin embargo, es de una enorme complejidad, y requeriría una mucha mayor atención –y, por ende, extensión– que la de estas líneas a las que, por el propio ámbito limitativo de este trabajo, se ha de acotar.

Cuando se plantea desde la visión de profesor el término espacio, han de plantearse una serie de reflexiones y situar su conceptualización actual en relación a su desarrollo filosófico-temporal.

Por ello, hacemos una reflexión particularizada sobre esta noción, clave fundamental en la enseñanza y en la aprehensión de la arquitectura.

Las doctrinas modernas sobre la noción de espacio son tan extensas que cualquier resumen es insuficiente. Por ello, en la consciencia de esta complejidad, este concepto es objeto de una mayor reflexión que otras palabras: se remite a sus significados lingüísticos, a su procedencia etimológica, y a una sinóptica evolución filosófica del concepto de espacio, en sus conexiones –derivadas en este trabajo– con los conceptos de lugar y de vacío.

Espacio es el continente de todos los objetos sensibles que existen.

Espacio es la parte de ese continente que ocupa cada objeto sensible.

Espacio es la capacidad de terreno, sitio o lugar.

Espacio es también transcurso de tiempo.

Espacio la distancia entre dos cuerpos o sucesos.

Espacio es la magnitud en que están contenidos todos los cuerpos que existen al mismo tiempo y en la que se miden esos cuerpos y la separación entre ellos. Espacio es, también, una porción de esa magnitud.

Espacio es, asimismo, cualquier extensión ocupada por un cuerpo impidiendo que la ocupe otro.

Espacio es, en Matemáticas, el conjunto de entes entre los que se establecen ciertos postulados.

Espacio es la distancia recorrida por un móvil en cierto tiempo.

Espacio vital es el ámbito territorial que necesitan las colectividades y los pueblos para desarrollarse.

Espacio imaginario es el que hace referencia al mundo irreal, el fingido por la fantasía.

Espacio-tiempo es una nueva magnitud empleada en la física moderna.

(DRAE)

Etimológicamente es descendiente del latín *spatium*, que significa
"campo para correr", "extensión, espacio ".

Etimológicamente también, en la Edad Media se emplea ya spatium
como espacio de tiempo o lugar.

En la filosofía presocrática, se discutió el problema del espacio junto
con el de la materia al hilo de ciertas oposiciones análogas como
lleno-vacío, ser-no ser, etc. En Platón se encuentran las primeras
precisiones sobre el problema del espacio como tal, aunque sólo
es posible referirse a este respecto a un solo pasaje de sus obras
(Timeo). Según Platón hay tres géneros de ser: Uno, que es siempre
el mismo, increado e indestructible, invisible para los sentidos, que
nada recibe de fuera ni se transforma en otra cosa: son las formas
o las ideas. Otro, que siempre está en movimiento, es creado, per-
ceptible para los sentidos y la opinión, y siempre llegando a ser en
un lugar y desapareciendo en él: son las cosas sensibles. Otro finalmente que es eterno y no susceptible de destrucción, constituye el
habitáculo de las cosas creadas, es aprehendido por medio de una
razón espuria y es apenas real: es el espacio. Como el espacio care-
ce de figura, las definiciones que pueden darse de él son al parecer
negativas. El espacio en cuanto receptáculo puro es un "continuo" y
nada más; no se halla en la tierra ni en el cielo (inteligible) de modo
que no puede decirse de él que "existe". Aristóteles concibe el espacio en cuanto "lugar". En este sentido, se remite al término lugar
de este mismo apartado. Cabe añadir que si el "lugar" aristotélico
merece ser llamado "espacio", lo es únicamente en cuanto equivale
a un "campo" donde las cosas son particularizaciones. Ahora bien,
puesto que, de acuerdo con el concepto de "lugar", no es posible
concebir las cosas sin su espacio, el espacio no puede ser, como
postulaba Platón, un mero receptáculo. Tampoco es viable por con-
siguiente la concepción de los atomistas que concibieron al espacio
como "lo vacío".

Durante la Edad Media y especialmente entre los escolásticos, las
ideas sobre la naturaleza del espacio se fundaron en nociones ya
dilucidadas en la filosofía antigua. Uno de los principales problemas
planteados fue el de la dependencia o independencia del espacio

respecto de los cuerpos. La opinión que prevaleció fue la aristotélica: el espacio como lugar. Los filósofos y científicos tendieron cada vez más desde el Renacimiento a concebir el espacio como una especie de continente universal de los cuerpos físicos. Este espacio tiene varias propiedades: el ser homogéneo; el ser isotrópico; el ser continuo; el ser ilimitado; el ser tridimensional; el ser homoloidal. La idea del espacio juega un papel determinante en la filosofía cartesiana. El espacio es, para Descartes, una cosa extensa, cuyas propiedades son la continuidad, la exterioridad, la reversibilidad, la tridimensionalidad. A la vez, la cosa extensa constituye la esencia de los cuerpos. Una vez que se ha despojado a los cuerpos de todas las propiedades sensibles, siempre cambiantes, queda de ellos la extensión. Así, la sustancia corporal sólo puede conocerse claramente por medio de la extensión. El espacio es conocido a priori con perfecta claridad y distinción. La extensión en que consiste el espacio es perfectamente transparente. Durante el siglo XVII y XVIII la cuestión de la naturaleza del espacio fue muy debatida. Aunque muchos autores contribuyeron a esta polémica se la suele centrar en Newton y Leibniz. Newton definió el espacio así en sus Principios: "El espacio absoluto, en su propia naturaleza, sin relación con nada externo, permanece siempre similar e inmóvil. El espacio relativo es una dimensión movible o medida de los espacios absolutos, que nuestros sentidos determinan mediante su posición respecto a los cuerpos y que es vulgarmente considerado como espacio movible". Newton representaba la idea del espacio como realidad en sí, independiente en principio de los objetos situados en él y de sus movimientos: los movimientos son relativos, pero el espacio no lo es. No se consideraba que los cuerpos fueran espaciales, sino que se movían en el espacio. En contra de esto manifestó Leibniz su opinión: el espacio no es un absoluto, no es una sustancia, no es un accidente de sustancias, sino una relación. Como relación el espacio es un orden: el orden de coexistencia o el orden de los fenómenos coexistentes. El espacio no es real sino ideal. Es decir, no hay espacio real fuera del universo material. El espacio es en sí mismo una cosa ideal, lo mismo que el tiempo. Kant siguió las orientaciones de Leibniz en cuanto sostuvo que el espacio es una relación, pero concibió a esta última no como algo ideal sino como algo trascendental. El espacio es para Kant una forma de la intuición sensible, una forma a priori de la sensibilidad. El espacio no es ningún concepto discursivo, sino una intuición pura. El resultado de la investigación kantiana es la adscripción al espacio de lo apriorístico, lo independiente de la experiencia, lo intuitivo y lo ideal trascendental. El idealismo alemán acentuó el constructivismo del espacio: en Hegel, el espacio es una fase, un "momento" del desenvolvimiento dialéctico de la Idea, la pura exterioridad de ésta. El espacio aparece en este último caso como la generalidad abstracta del ser fuera –de–sí de la Naturaleza. Se puede decir entonces que la subjetivación del espacio da lugar a una idea muy diferente según sea la forma en que se admite la subjetivación. Durante el siglo XIX sólo el naturalismo radical admite, sin crítica, una objetividad exterior del espacio. Ha habido numerosas discusiones sobre el carácter absoluto o relativo, objetivo o subjetivo, del espacio, así como sobre las relaciones del espacio con el tiempo y la materia. Desde el punto de vista de lo psicológico, se considera el espacio como objeto de la percepción, y la respuesta al problema ha dado por resultado diferentes teorías acerca de los últimos espacios (táctil, auditivo, visual, etc.), así como de la adquisición de la idea de espacio (empirismo, etc.). Desde el punto de vista geométrico, se considera el espacio como el lugar de las dimensiones, como algo continuo e ilimitado. Desde el punto de vista físico, el problema del espacio se relaciona íntimamente con las cuestiones que se refieren a la materia y al tiempo, y la respuesta afecta, como en la física reciente, a la constitución geométrica. Se habla así en física de un continuo espacio-tiempo. Desde el punto de vista ontológico, como una de las determinaciones de ciertos tipos de objetos. Desde el punto de vista metafísico, el problema del espacio engloba el problema más amplio de la comprensión de la estructura de la realidad.

Bergson parte de la relación de espacio y tiempo. Kant había trabajado ambos como formas de nuestra intuición de igual rango en lo esencial. Bergson muestra la profunda diferencia esencial que existe entre ellos. El espacio es en sí homogéneo. Es el concepto global de todos los puntos iguales. Se puede pasar arbitrariamente de uno a otro. Lo que se llama movimiento es únicamente la serie de las situaciones espaciales de los cuerpos en él. Incluso cuando pretende estar midiendo el tiempo, sólo mide, en verdad, cambios en el espacio. El tiempo no es homogéneo. Es una serie irreversible. De ningún modo se puede pasar en él de un punto a otro a voluntad. Cada momento es algo nuevo, único y singular, irrepetible. El tiempo es un fluir único e indivisible, un devenir totalmente diferente del llamado tiempo de las ciencias naturales. El espacio es; el tiempo no es, sino que está siempre deviniendo. (Ferrater Mora)

Para el entendimiento de la noción de espacio en una visión contemporánea, se remite a Max Jammer. Para Jammer, una de las etapas decisivas de nuestro moderno concepto de espacio fue la emancipación del aristotelismo, en particular de la doctrina peripatética de la categoría y del esquema materia-accidente.

En la deconstrucción, y en concreto con Derrida, se produce su puntual inclusión que se relaciona con el tema de este trabajo: el concepto de espacialización en su relación con la arquitectura. "Si cada lenguaje sugiere una espacialización –cierta distancia en un espacio no dominable sino sólo accesible por aproximaciones sucesivas– entonces es posible compararlo con una especie de colonización, con la apertura de un camino. Una vía no a descubrir sino que debe crearse. Y la arquitectura no es en absoluto ajena a tal creación. Cada espacio arquitectónico, todo espacio habitable, parte de una premisa: que el edificio se encuentre en un camino, en una encrucijada en la que sean posibles el salir o el retornar (...) La cuestión de la arquitectura es de hecho el problema del lugar, de tener lugar en el espacio. El establecimiento de un lugar que hasta entonces no había existido y que está de acuerdo con lo que sucederá allí un día: eso es un lugar (...) Quizá el pensamiento arquitectónico no exista; pero si tuviera que haber uno, sólo se podría expresar con las dimensiones de lo elevado, lo supremo y lo sublime. Vista así, la arquitectura no es una cuestión de espacio, sino una experiencia de lo supremo que no sería superior sino, en cierto modo, más antigua que el espacio y, por tanto, es una espacialización del tiempo."

INTER-TEXTUALIZACIÓN DOCENTE-ALUMNO

¿Cómo se plantea la figura del docente?.. es necesaria la transformación, ahora, realmente esta figura, cuando los avanzados medios están copresentes en los métodos formativos.

Sin embargo, sí parece que cobra presencia la enseñanza entendida como un pacto, tal y como surgió con Sócrates, surgida por la necesidad mutua entre alguien que sabía y quería exponer, y otros que querían aprender. Un pacto tácito, no escrito ni hablado previamente. No hablamos de un método socrático –algo inevitable en la transmisión del lenguaje- como metodología docente casi exclusiva –y que ahora no entramos en la valoración sobre lo positivo o lo negativo de su aplicación. Pero sí que este punto de inflexión nos conduce a otro aspecto, bajo nuestro punto de vista, de trascendental importancia: la potenciación y la generación de la capacidad de expresión (y, por tanto, comunicativa), por parte del alumno, para poder, de esta manera, trascender el exclusivo referente del lenguaje gráfico como medio de expresión de la Arquitectura. "Un pensar que consiste en hacer funcionar las facultades mentales que la realidad humana encuentra formando parte de su circunstancia." (Ortega y Gasset).

La docencia es, en gran medida, según mi personal visión, intrigar, impulsar empujar, generar sed de conocimiento en el alumno. Incitar, provocar, generar un universo líquido de inquietudes...

Puede –como algunos opinan, aunque yo pienso claramente que sí
que se puede enseñar, parece evidente– que no se pueda enseñar
la arquitectura, incluso enseñar a proyectar arquitectura, pero sí se
puede, en última instancia, transmitir la pasión por ella.

Después de una trayectoria muy extensa como profesor, en distintas
disciplinas y niveles, tanto en la disciplina de Proyectos, como en
otras impartidas –Dibujo e Ideación, Análisis de Formas Arquitectónicas, programa de Doctorado– puedo decir que, efectivamente, la
enseñanza la entiendo y la aplico, como un pacto –o una inter-textua-
lización– entre el profesor y el alumno.

Los alumnos, todos, tienen la capacidad de producir arquitectura
casi de manera inmediata.

Ortega, en su escrito dirigido a los jóvenes, les decía que el joven
ha de tener un proyecto de vida. Luego puede cumplirse o no, esto
depende de las circunstancias personales y vitales de cada uno;
pero hay que tenerlo necesariamente. Es el armazón que sustenta el
sentido vital de cada uno. Estas palabras las expongo desde el primer de curso, siempre, a los alumnos.

Por otro lado, la enseñanza la entiendo desde la generosidad por
parte del profesor: la generosidad genera generosidad y, a la vez,
producción.

Actualmente el poder no lo detenta quien posee la información, sino
quien es capaz de saber dirigir hacia ella.

Generar emoción, desde la información. La enseñanza ya no puede
obviar la acelerada evolución de la sociedad de la información: ha
de tener la capacidad de readaptarse a ella. Sistemas docentes que,
hasta hace muy poco –a los sumo cinco o seis años– han quedado
obsoletos.

Proponemos la adopción, en la acción como investigación, de nuevas herramientas en la proyección de la arquitectura, como los
medios interpuestos, los audiovisuales, la imagen, etc.

Estoy en contra, definitivamente, de la enseñanza de la arquitectura
desde el ensimismamiento autista del arquitecto, tal y como se enten-

día y se planteaba desde los postulados (afortunadamente para el pensamiento de la arquitectura) desaparecidos del posmodermismo en la arquitectura y que se transmitió, como es evidente, a la docencia.

Y estoy radicalmante a favor de generar el espíritu crítico en el alumno, de desarrollar su capacidad de replanteamiento y desarrollo de su radicalidad crítica. Del lado de potenciar en el alumno y de abrir brechas de dudas, de inquietudes, para, al final, encontrarse con la generación de un universo proyectivo propio, denso, intenso, que va a ser su refugio –qué importantes son los años de formación en las escuelas– para su proyecto de vida, en palabras de Ortega.

Esto supone, en resumen, desde un posicionamiento personal radicalizado de nuevo, una parte fundamental –si no, la más importante– de cara a la formación integral del alumno (personal y profesionalmente). La arquitectura como generadora de emociones, de sensaciones, de sentimientos.

Hablamos, en un sentido paralelo, de la poética en la arquitectura vinculada al desarrollo de la madurez proyectiva en la formación del alumno. Se puede decir que la arquitectura no existe si no emociona y, visto desde esta perspectiva, es en cierto sentido, casi inexplicable.

Tampoco existe si no hay un concepto: podemos decir que, si no hay concepto, no hay proyecto. De nuevo, hablo como arquitecto que proyecta, construye, enseña, escribe y está vinculado fuertemente a la arquitectura como proceso cultural.

De nuevo, la arquitectura como forma de vida, como riesgo, como emoción.

Y en contra de la enseñanza del proyecto desde la gradual variación escalar (proyectar un armario, un dormitorio, una casa, un edificio, una calle, una ciudad...). Esto, en la actualidad, ha perdido todo su sentido.

Si extrapolamos todo esto a la arquitectura, podemos decir que la Arquitectura (ahora con mayúscula) es un hermoso y apasionante proyecto de vida. Y que hay que intentar que se cumpla.

Proyectar arquitectura es, a su vez, proyectarse hacia el exterior (Argán). Y, desde el punto de vista de profesor, transmitir hacia el alumno sus inquietudes.

Argan decía también que proyectar es querer tener la voluntad de modificar el medio: la arquitectura –y aquí la relacionamos con el paisaje– modifica el medio: el arquitecto modifica el medio. Históricamente lo ha hecho y ha generado emocionantes paisajes. Ortega, nuevamente, decía que la historia de la humanidad ha sido la historia de la lucha contra la naturaleza, pero que, lo trágico, es que al final, siempre acaba venciendo aquella al hombre.

Entiendo la enseñanza como un ejercicio de libertad hacia el planteamiento arquitectónico del alumno: el profesor no debe influir en los planteamientos de "estilo" del alumno. Un profesor ha de tener la capacidad de objetivar los planteamientos del alumno y no mirarlos exclusivamente desde su propia óptica y entendimiento de la arquitectura. Para esto se requieren profesores con una amplia densidad referencial, capaces de aunar y de abrir, en una especie de performance de acciones, los puntos ciegos en los alumnos (Goleman) que hay que "reeducar" y orientar hacia la arquitectura.

En este sentido, la enseñanza de proyectos ha de plantearse de manera re-activa: una disciplina propositiva. Generativa. Así, el alumno he de aportar constantes sugerencias a las expuestas por el profesor y, de esta manera, lograr que, potenciado desde éste, se cree un clima de constante inquietud y constante generación de ideas y proposiciones.

Primero la producción y después el pensamiento. Primero la acción y después la reflexión.

Después de veinte siglos en los que la filosofía –desde Aristóteles– proponía que primero está el pensamiento y después el lenguaje (es decir, primero viene la reflexión, qué hay que hacer, y después la acción), desde la sobremodernidad –hace cinco años, tal y como dice Gabilondo– por fin la acción precede al pensamiento.

Estoy convencido que sin acción no hay pensamiento: primero hay que producir y, después, pensar. Por tanto, la enseñanza se replantea desde la acción como producción y como método de enseñanza dinamizado y, simultáneamente, transversal y contaminado con otras disciplinas.

SOBRE LOS REFERENTES CRÍTICO-TEÓRICOS. CAPAS Y VELADURAS

Parece inevitable hablar, aunque sea de una manera tangencial de los referentes, tanto del pensamiento como de la crítica de la arquitectura.

Los autores relativos a la historiografía de la crítica de la arquitectura (o de la crítica.teórica, ya que la teoría, como tal, no existe en la Arquitectura, sí en las ciencias exactas) –intentando seguir una clasificación cronológica–, ya ampliamente conocidos –abarcarían nombres como Bruno Zevi, Sigfried Giedion, Reyner Banham, Christian Norberg-Schultz, Colin Rowe, Rovert Le Ricolais, Manfredo Tafuri, Robert Venturi, Charles Jencks, Keneth Frampton, Oriol Bohigas, Giulio Carlo Argan, Juan Daniel Fullaondo, Leonardo Benevolo, Peter Coillins, Joseph Rykwert, Stanislaus von Moos, Heinrich Wölfflin. Pero también los textos de los creadores que generaban producción, pensamiento y crítica: Le Corbusier, Wright, los Smithson.

Las referencias derivan desde la multiplicidad de disciplinas, aspecto, si cabe, de mayor relevancia en el ámbito de esta Escuela, en la que se aúnan Arquitectura y Arte.

SOBRE EL DESARROLLO DE LA CRÍTICA ARQUITECTÓNICA. VELADURAS TEÓRICO-CRÍTICAS

Detrás de estos textos subyacen, de manera inevitable, personajes, referentes, desde la propia arquitectura, como es evidente, pero también desde otras disciplinas (Piaget). Desde la filosofía, la literatura... desde este entendimiento según el cual planteamos la docencia del Proyecto de Arquitectura. Esta docencia del Proyecto Arquitectónico ha estado vinculada a los textos de crítica (más que de pensamiento) de la arquitectura.

Detrás de esta "capa" están, podemos decir, en una primera derivada, los referentes que nacen desde el interés y apasionamiento por
las vanguardias históricas, hasta nuestros días. Estaríamos hablando, de autores y temas de referencias genéricas de concepto. Repre-
sentarían los autores anteriores que han estructurado el desarrollo
del pensamiento en su vinculación con la crítica arquitectónica.

En este sentido tendríamos en la filosofía, Aristóteles, Heráclito.
Otros referentes contemporáneos –del siglo XX– serían Ortega,
Heidegger y Spengler. En la transversalidad con el arte, sin seguir,
de manera consciente, un orden cronológico, la pintura, la escultura,
las nuevas tecnologías en arte contemporáneo, hablaríamos de Kandinsky, Mondrian o van Doesburg, desde las vanguardias históricas.
Picasso. Braque, Noguchi. Desde la escultura en su unión con la
metafísica, la figura de Oteiza. En literatura y poesía: Moro, Hugo,
Baudelaire, Mallarmé, Rilke, Pound, Joyce o Borges. En el ámbito
específico de la arquitectura, se partiría del Movimiento Moderno: Le
Corbusier, Loos, Wright o Hilberseimer, analizados a través de autores como Rykwert o Collins.

Sin embargo, la crítica arquitectónica ha desarrollado un recorrido
que es, a su vez, la referencia genérica de los intereses de la docencia. Desde este punto de vista hay que distinguir entre la afinidad
personal hacia el pensamiento de determinados autores –con los
que puedo estar, en mayor o menor medida, en acuerdo o en des-
acuerdo– y la obligación profesoral de hacer llegar a los alumnos el
conocimiento de los referentes teórico-críticos que han investigado
y desarrollado y, a la vez, han supuesto los argumentos basilares de
la docencia.

Desde Argan con "El Arte Moderno. Del Iluminismo a los movimientos contemporáneos"; desde Bachelard y su "La poética del espacio"; desde Banham, con "La Atlántida de Hormigón", Y "Teoría y
Diseño en la era de la máquina" o "Megaestructuras"; desde Roland
Barthes y "El grado cero en la escritura"; o "La aventura semiológica"; Frampton, y su "Historia crítica de la arquitectura moderna".
Juan Daniel Fullaondo con sus aportaciones de densidad referencial
desde la transversalidad de sus planteamientos: "Arte, proyecto y

todo lo demás", "Arte, Arquitectura y todo lo demás". "Historia de la
arquitectura contemporánea española" o "Zevi"; Giedion con "Espacio, tiempo y arquitectura"; Norberg-Schulz con "Genius Loci";
las brillantes argumentaciones de Rowe y Koetter, en su "Ciudad
Collage" o del mismo Rowe, en su texto de gran relevancia "Manierismo, Arquitectura Moderna y otros ensayos"; desde Venturi, con
"Aprendiendo de Las Vegas " o "Complejidad y contradicción en la
arquitectura"; desde Zevi con su enfoque radicalmente subjetivado
en sus planteamientos sobre la inversión del origen de la Arquitectura Moderna situado en Norteamérica y centrado en la figura de
Wright, en su "Historia de la arquitectura moderna", "Saber ver la
arquitectura", "El lenguaje moderno de la arquitectura" o con "Espacios de la arquitectura moderna; desde Benévolo, con su "Historia
de la Arquitectura Moderna"., Peter. "Los ideales de la Arquitectura
Moderna. Su evolución (1750-1950)". Benedetto Croce, "Breviario de
Estética"; De Fusco "Historia de la Arquitectura Contemporánea".
Friedman con "La arquitectura móvil".; desde Arnold Hauser "Historia social de la literatura y el arte"; desde Heidegger, con "El ser y
el tiempo", o el texto "Construir, habitar, pensar"; desde Hitchcock
y su "Architecture: nineteen and twentieth centuries"; desde Victor
Hugo, con "Nuestra Señora de París"; Joyce, "Ulises"; desde Jung,
con "Recuerdos, sueños, pensamientos"; desde Kandinsky, con
"Punto y línea sobre el plano. Contribución al análisis de los elementos pictóricos" o desde "De lo espiritual en el arte"; desde Le
Corbusier. "Cuando las catedrales eran blancas", "El espíritu nuevo
en Arquitectura. En defensa de la Arquitectura", "Los tres asentamientos humanos", "Le Poème de l'Angle Droit", "Vers une architecture". o "El Modulor"; Lévi-Strauss, con "Mito y Significado"; Loos,
con "Ornamento y delito y otros escritos"; Mondrian y su "La nueva
imagen en la pintura"; desde Tomas Moro y "Utopía", desde Ortega
y Gasset y "La rebelión de las masas"; desde Oteiza y su "Propósito
experimental" o la "Ley de los Cambios"; Panofsky y "La perspectiva
como forma simbólica"; Platón y los "Diálogos"; Alois Riegl, y "Problemas de estilo"; desde la poesía de Rilke,y concretamente "Nuevos
poemas"; desde Rykwert y "La casa de Adán en el Paraíso"; desde
Spengler y "La decadencia de Occidente"; desde Gertrude Stein y

su escritura repetitiva en "Ser americanos"; desde Tafuri y Dal Co y "La ciudad americana", su "Arquitectura contemporánea" o el referente "Teorías e historia de la arquitectura"; desde Van Doesburg y los "Principios del nuevo arte plástico"; desde Leonardo y sus innumerables "Cuaderno de notas"; desde Stanislaus Von Moos, con el fundamental "Le Corbusier"; desde Wölfflin, y sus "Conceptos fundamentales de la historia del arte"; o sus "Reflexiones sobre la historia del arte"; desde Wright, y su trascendental "Testamento" o el apasionado "El futuro de la arquitectura"; desde María Zambrano "El hombre y lo divino".

Pero, en una segunda derivada, emergen los autores y referentes que enmarcan mis intereses personales, profesionales y docentes de manera más radicalizada. Son los referentes que se fijan, más en la exterioridad (Pardo) de la arquitectura que desde la propia arquitectura. Son los referentes directos de la concepción actual de la docencia y que son una apoyatura fundamental en el planteamiento de la misma. Son los argumentadores radicalizados del planteamiento docente. El magma multiplicador de resonancia intertextual e interconceptual entre la arquitectura y las demás disciplinas. En este apartado se analizan los autores que han estructurado el pensamiento y la formación, así como su derivación hacia el entendimiento de la arquitectura, tanto en la docencia, como profesional y como investigador. Para el desarrollo de la docencia, es fundamental tener un armazón crítico– teórico y, por tanto, conceptual. Ser capaz desarrollar un discurso unido a conceptos. Palabras, conceptos, proyecto y arquitectura.

Desde aquí es donde resonaría, de nuevo, este discurso y este programa (o "Planteamiento Docente" para ser riguroso con lo solicitado por las bases de la convocatoria) y, más allá, este planteamiento, como decíamos al principio, recorrido no lineal por esta trayectoria vital-personal-arquitectónica: Foucault, Baudrillard, Lyotard, Jürgen Habermas, Deleuze, Jameson, Derrida Bataille, Guy Debord, Marshall Mc Luhan, Daniel Bell, Walter Benjamin, Richard Rorty, Paul Virilio, Georges Perec, Daniel Goleman, Umberto Eco, John Cage, Marc Augé, Koolhaas, Pardo Houllebecq, Gabilondo o Javier Echeverría.

SOBRE EL CONOCIMIENTO DE LA DISCIPLINA DEL PROYECTO ARQUITECTÓNICO

La enseñanza del proyecto arquitectónico constituye el núcleo específico de la disciplina arquitectónica; el ámbito donde convergen el resto de las materias, cuyo fin es hacer posible la obra de arquitectura.

Su docencia obliga, por tanto, a ligar a ella la de disciplinas como la Construcción, las Estructuras, la Urbanística o la Teoría y la Crítica de la Arquitectura. No cabe entender el proyecto arquitectónico desligado de éstas ya que forman parte de su propia esencia.

La enseñanza de las asignaturas de Proyectos Arquitectónicos ha de asumir, paulatinamente, el progresivo dominio de aquellas materias por parte del alumno, y tratará de sentar ciertas bases metodológicas para un completo desarrollo del proyecto.

La complejidad de éste, en buena medida, viene dada por la heterogeneidad de los factores que lo integran; por ello, la formulación de unos objetivos de carácter general para todas las asignaturas del área y la construcción de un proceso gradual y completo de la enseñanza del proyecto a través de ellos, emergen de manera ineludible.

Por otra parte, las transformaciones aceleradas del mundo contemporáneo (Augé), están implicando otras transformaciones en aspectos relacionados con el entendimiento del proyecto de Arquitectura. Estas transformaciones configuran, por otra parte, códigos de una elevada complejidad con una marcada voluntad de reprogramar y redefinir los mecanismos de configuración del proyecto, en su confluencia con aspectos como la relación entre lo local y lo global, entre cultura y naturaleza, la variabilidad de las escalas, la movilidad, la relación con el medio y la sostenibilidad.

Objetivos de carácter general

Trataremos trazar el objetivo último de acceder al Proyecto, en última instancia, al ejercicio de la profesión, en condiciones de poder abordar cualquier tema de la arquitectura con un grado de suficiencia elevado.

Para ello se propone fomentar los siguientes aspectos:

- Una fundamentación metodológica: desde la representación; desde el manejo de la escala en el desarrollo del proyecto; desde la comprensión del espacio (categorías espaciales, espacio estático, dinámico, luz, etc.); desde la asunción de la construcción como condición del proyecto ejecutado; desde la introducción de factores más complejos como la ubicación, el medio social y cultural, etc.; desde el entendimiento de la forma arquitectónica; desde la asimilación y ubicación en las vanguardias culturales y arquitectónicas.

- El dominio de las características esenciales de una serie de temas ineludibles en el ejercicio de la arquitectura:

- La vivienda: formas de habitar, condicionantes culturales y ambientales, tipologías, modos de agrupación.

- Edificios de carácter singular: abordar diferentes programas que permitan indagar en una casuística completa de carácter funcional, constructivo, social, etc.

- Intervención en la ciudad: abordar problemas de intervención en la ciudad, tanto en la que heredamos como en la que construimos.

- Desarrollos proyectivos tomando como base el enfrentamiento con una variabilidad gradual de las diversas escalas (arquitectónica - urbana - territorial), ante las cuales, en la actualidad, se han de responder con alternativas desde los mecanismos del proyecto arquitectónico. En este sentido, se proponen ejercicios de intervención en el paisaje y en espacio público, de manera directamente relacionadas con los planteamientos docentes de proyectos.

- Conocimiento de las claves más recientes de la historia de la arquitectura, que permita acceder al ejercicio del proyecto desde elementos basilares culturales.

Para ello, se abordan dos líneas de trabajo: una de carácter práctico y otra teórica. Estos se conciben unitariamente para una óptima coordinación de los trabajos y del aprendizaje.

El aprendizaje se apoya en el trabajo continuando del alumno en el "aula-taller" –lo que se considera requisito indispensable– donde será tutorado individualmente por el profesor.

Se pretende conseguir en el aula y en la docencia un ambiente propio de un taller de arquitectura, que sirva de marco idóneo para la acción de generar y proyectar arquitectura, favoreciendo el intercambio de ideas y experiencias.

Se apoya con documentación, referencias, clases teóricas, visitas a exposiciones, viajes, conferencias, etc., directamente dirigidas a los objetivos planteados en los ejercicios de curso. Oiza decía que el mejor aula de arquitectura es el autobús.

También, ahoram podríamos afirmar que el mejor aula de arquitectura es el Airbus A380

Y se potencia la realización de trabajos personales por cada alumno con seguimiento diario de su desarrollo por parte de los profesores. Clases teóricas. Sesiones críticas. El concepto de taller continuo se complementa, asimismo, con la presencia de profesores invitados. Asimismo, se potencia con conferencias y con visitas docentes (talleres). Estos talleres se integran en el desarrollo del curso, generaco una macroestructura docente que se puede visualitzar con la esfera de Baricco (Baricco, "Los Bárbaros")

NIVELES GENERALES DE CONCEPTUALIZACIÓN PARA SU APLICACIÓN A LOS DISTINTOS NIVELES DE LA ENSEÑANZA DEL PROYECTOS ARQUITECTÓNICOS

La enseñanza se fundamenta, básicamente, y genéricamente hablando, en cinco niveles de conceptualización, que son los que siguen:

* adquisición por parte del alumno de unos densos repertorios teóricos, críticos e iconográficos, así como de la cultura, tanto de la arquitectura como de las disciplinas transversales con ella. Este proceso se realiza a través de clases crítico-teóricas, de aportación de documentación referencial, de aportación de bibliografia, de visitas a edificios, de talleres de profesores invitados. Para ello es necesario, insistiendo de nuevo en el convencimiento de la transversalidad del conocimiento –o de la idea de Interciencia según Piaget– recordar a Bruno Zevi y su noción sobre las condiciones que debe reunir un profesor universitario. Actualmente debe reclamarse –posiblemente más que nunca– la figura del docente capaz de poseer una cultura amplia, conectado a las corrientes de pensamiento de vanguardia y de la crítica, y ser capaz, simultáneamnete, de aunar formación teórica (si es que puede decirse que existe la teoría en la Arquitectura; habría que hablar con más rigor de crítica, ya que la "teoría" como tal sólo existe en las ciencias pures, como se significa en otro apartado de este texto) con formación practica.

* desarrollo de la imaginación arquitectónica del alumno.

* aprendizaje del lenguaje y de los códigos de la arquitectura, como máquina generativa. "El lenguaje (y cualquier otro sistema semiótico) es un mecanismo regido por reglas, una máquina predictora que dice qué frases se pueden generar y cuáles no, y cuáles de las que es posible generar son "buenas" o "correctas", o provistas de sentido; una máquina con respecto a la cual la metáfora constituye una ruptura, una disfunción, un resultado inexplicable, pero al mismo tiempo el impulso para la renovación del lenguaje". (Eco)

- capacitación para desarrollar, por parte del alumno, productos arquitectónicos reconocibles y definidos (este aspecto es fundamental, muy especialmente, en los primeros niveles de Proyectos)

- por último, adquisición por parte del alumno del desarrollo de su propio proceso creativo y generativo. Esto genera, a su vez, la capacidad de reflexionar y argumentar al alumno sobre el proyecto generado. Es el ámbito procesual y conclusivo.

- PRODUCCIÓN Y REFLEXIÓN

- Hablaremos desde la docencia del Proyecto Arquitectónico, en su aplicación desde un ámbito común de planteamiento para los distintos estadios de la disciplina. Después de veinte siglos –desde la visión aristotélica– en los que el pensamiento debía preceder a la producción, por fin en los inicios del siglo XXI la producción precede a la reflexión (Gabilondo). No hay pensamiento sin producción. En este sentido proponemos al alumno la acción previa a la reflexión.

Desde este punto de vista, el alumno debe ser capaz de desarrollar un automatismo de condicionamiento de mecanismos generativos que le permita generar una capacidad de producir Arquitectura, y generar, a su vez, de esta manera, posteriormente, el pensamiento crítico.

En nuestra pedagogía, lo que hemos denominado metodologia activa avanzada, se desarrolla tomando como referente un ámbito común, que puede ser físico o conceptual. Esto no significa que este ámbito se corresponda con un espacio predeterminado: puede serlo, efectivamente, o no. O pueden serlo simultáneamente. Sin embargo, la estructuración conceptual es básica, más incluso, que el propio ámbito donde los trabajos se desarrollen. En este ámbito, se desarrolla el curso, se proponen los temas de trabajo. Sin embargo, este espacio contextual ha de tener la suficiente flexibilidad conceptiva para permitir procesos.

Hablamos, si se observa atentamente, de ámbito referencial conceptual, y no tanto de lugar de intervención. Poder reflexionar, partir de situaciones aparentemente ajenas –e incluso fuertemente desvinculadas– al tema a desarrollar, para, posteriormente ir conformando en la mente del alumno, un collage, un cadáver exquisito que compone el desarrollo dentro de la complejidad del curso de Proyectos. Esto, especialmente, se denota con mucho más intensidad en los primeros niveles, en los que todavía no se ha producido el contacto del alumno con el proceso proyectivo y generativo. Por tanto, consideramos radicalmente, una limitación, hoy en día, establecer un planteamiento de un curso de Proyectos desde, fundamentalmente, el lugar como referencia casi inamovible e inevitable.

Es necesaria una jerarquización del conocimiento –esto parece y es evidente– pero también es necesario –bajo nuestra angulación y planteamiento de la docencia– el establecimiento de unos códigos de pensamiento categorizados densos y transversales, que permitan, como significamos en otra parte de este escrito, la conformación y la formación del pensamiento arquitectónico del alumno.

El lugar desaparece como referente que remitía a inmanentes adhesiones en los años posteriores al posmoderrnismo, y que actualmente deviene obsoleto en la sobreespectacular sociedad de la información (Debord), y que siempre había sido entendido como único referente. Por tanto, podemos decir que se conduce el planteamiento de la disciplina desde una multiplicidad de inputs de entrada hacia el alumno, densamente –y cosncientemente– cargada de una heterogeneidad de referencias.

Por tanto, y como decíamos, el ámbito conceptual como aglutinador y como magma de densificación en la conformación del pensamiento arquitectónico del alumno, posibilita la enajenación del referente del lugar, posibilitando, a su vez, una extrapolación abierta, y de nuevo, conscientemente dirigida, a una variabilidad interconnectada de escalas: proyectar desde el ámbito de una micorescala –en la que el alumno puede trabajar sobre micro-espacios objetuales a otro ámbito de escala territorial, o incluso planetaria. Este constante paso de una escala a otra supone la ejercitación, por parte del alumno, del concepto escalar.

Desde este sentido, los planteamientos de los ejercicios permiten conectar arquitecturas y situaciones a través del espacio y del tiempo, posibilitando establecer una linea de continuidad a lo largo del desarrollo del curso: así, esta densificación concpetual-referencial permite plantear una enseñanza del Proyecto desde una ciudad a otra, desde un territorio a otro, desde una parte del planeta a otra.

Una parte fundamental en el planteamiento de la docencia, es la estimulación de la capacidad propositiva e imaginativa del alumno: desde la arquitectura de nuevo, pero también desde los posicionamientos críticos. En este sentido, el alumno puede y debe descobrir –a través de la potenciación del profesor– la estimulación proyectiva-propositiva que se encuentra en el universo heredado de la cultura en generativa. Este aspecto se considera fundamental, ya que, desde aquí, el aprendizaje del alumno está enfocado hacia otro de los objetivo basilares de la propuesta de docencia: su futuro contacto y capacitación para el desarrollo en el mundo profesional

Este punto tiene más importancia, bajo nuestro punto de vista, de la que, en principio, pueda aparentar : no hablamos de realidad social, posiblemente un término anclado en los referentes más próximos a, por ejemplo, a un pasado Regionalismo Crítico (Frampton). Personalmente, frente a esta acepción propondría el concepto de Globalización Acrítica, o Planetarización Densificada, que pueden ser términos mucho más vinculados a las transformaciones aceleradas del mundo contemporáneo (Augé).

En las que, de manera invitable, nos movemos y, por tanto, como parece lógico, el mundo de la docencia.

Este aspecto nos conduciría a un aspecto parcialmente olvidado en la docencia, pero que, en cierto sentido, y dados los constentemente cambiantes paradigmas sociales que se desarrollan y mutan a gran velocidad, vuelve a adquirir protagonismo. Podemos decir que existen tres niveles de relación con los paradigmas sociales y que aplicamos, de manera consciente, a la metodología de la enseñanza del Proyecto Arquitectónico:

- Un nivel primero en el que se trabaja con la imaginación y con la utopía y que, conscientemente, se traslada al alumno. Se puede decir que forma parte ineludible del inicio del proyecto.

- Un segundo nivel sería el desarrollo hacia los aspectos técnicos de la propuesta: aunque todavía, en esta fase, no se ajusten estrictamente a condicionamientos económicos y de materialzaición edilicia.

- Y, finalmente, el tercer nivel, ya directamente entroncado con los condicionamientos sociales y ambientales. Este proceso se significa de manera mucho más evidente en los primeros niveles de la docencia, en los que se incide de manera mucho más radical en la estimulación de la capacidad imaginativo-arquitectónica del alumno, así como en lograr el desarrollo de un producto proyectivo-arquitectónico completo y ya con claves resolutivas de complejidad.

Esta metodología requiere, como parece evidente, la constante auto-generación propositiva, tanto del profesorado como del alumnado. O, en otras palabras, un grado de autoexigencia propositiva por parte del alumno enfrentada (o, mejor, hiperconectada) con la figura del docente. Desde aquí volvemos a referirnos al sentido re-activo y propositivo que, bajo nuestra angulación, ha de tener la docencia del Proyecto de Arquitectura.

Por tanto, estamos proponiendo, de manera personalmente radical, la asunción de que la docencia del Proyecto de Arquitectura está intimamente ligada a los fenómenos que estructuran y categorizan el magma de la situación socioeconómica, sociopolítica, sociocultural y de la realidad social que nos envuelve.

Esta densidad conceptual se densifica a medida que avanza el nivel de aprendizaje de la disciplina de Proyectos Arquitectónicos. Como se puede apreciar en las referencias bibliográficas, se produce un cambio sustancial referencial: desde la filosofía, la antropología, la semiótica o las artes en general, dentro de la contextualización de la situación actual, surgida como resultado de los fuertes procesos de transformación de las estructuras económicas, sociales, informacionales y culturales en el mundo hipercomplejo de hoy.

REFLEXIONES CONCLUSIVAS. SOÑAR LA ARQUITECTURA

Finalizamos dejando abiertas y dejando suspendidas en el aire, una amalgama magmática de cuestiones, de incógnitas-devenir, incógnitas en constante mutabilidad y transformación. Para poder intentar proponer unas arquitecturas estratégicas –o unas estrategias proyectivas– hoy.

Soñar la arquitectura es, dentro de un pleno convencimiento personal, lo más preciado que podemos ofrecer a los alumnos, como profesores.

Los sueños son siempre diferentes. Son siempre cambiantes.

Propongo acercar al alumno al proyecto de arquitectura (y a la Arquitectura) y de la ciudad a través de una aproximación vitalista, vocacional (ya he expresado en otros apartados de este texto la metodología para desarrollar estas ideas aquí expuestas), de manera que provoque una actitud receptiva en el alumno: una extrapolación intelectual, con una apoyatura, además, en el desarrollo –como hemos especificado en otras partes– argumental, tanto en el desarrollo simultáneo como en el estadio posterior.

De aquí ha de surgir el marco crítico que sea capaz de generar el propio universo referencial-arquitectónico del alumno. El encuentro de una voz propia en su expresión. Estar atentos a todo lo que ocurre a nuestro (a su) alrededor, como el absorbente ojo de Picasso, que todo lo captaba, lo asimilaba y lo devolvía transformado.

Decía Louis Kahn que la auténtica Arquitectura es la que se produce en las Escuelas de arquitectura. Esto es, bajo mi punto de vista, absolutamente cierto: sólo en las Escuelas de Arquitectura se puede encontrar el universo de creatividad y la multiplicidad sinérgica necesaria para desarrollar la creatividad personal del alumno. De nuevo, encontrar su propia voz. Y también, es el foro donde el profesor puede desarrollar plenamente su ámbito conceptual e intereses investigadores, complementando su investigación en su trayectoria profesional.

Si Baudrillard decía que la publicidad lo invade todo a medida que desaparece el espacio público, la calle, el monumento, el mercado, la escena el lenguaje. ¿Nosotros podríamos decir, a medida que desaparece la arquitectura tal y como se ha entendido hasta ahora? ¿O que está desapareciendo y mutando el entedimiento de la enseñanza de la arquitectura?

Deleuze decía que "nada es más turbador que el movimiento incesante de lo que parece inmóvil".

Quizás, después de todo, estemos persiguiendo, en definitiva, sólo un imposible y un sueño.

Un sueño, emocionante, cambiante, como la propia arquitectura, como la propia vida...

BIBLIOGRAFÍA GENERAL

Analizamos los autores que han estructurado el pensamiento y la formación, así como su derivación hacia el entendimiento de la arquitectura, tanto en la docencia, como profesional y como investigador. Para el desarrollo de la docencia es fundamental tener un armazón crítico- teórico y, por tanto, conceptual. Plantear una categorización de autores. Ser capaz desarrollar un discurso unido a conceptos. Palabras, conceptos y arquitectura.

Desde aquí es donde resonaría, de nuevo, este discurso-manifiesto y este programa docente y, más allá, este planteamiento, como decíamos al principio, recorrido no lineal por esta trayectoria vital-personal-arquitectónica.

La bibliografía comprende cuatro subapartados diferenciados. Los tres primeros incluyen los autores de referencias básicas del discurso, relacionadas con los conceptos del trabajo. El cuarto, se inscribe en puntualizaciones referentes al espacio público, atendiendo a las especificaciones de la convocatoria relativas a "Territorio y Paisaje".

A. Autores directamente relacionados con el paradigma de la docencia

Serían los referentes principales, los iniciadores del discurso, los autores de referencia directa. En otros términos, serían los autores procedentes de la posmodernidad y de la sobremodernidad.

De las referencias a estos autores –fundamentalmente las filosóficas, sociológicas, antropológicas, semióticas y arquitectónicas– nace el magma situacional que configura el entendimiento de la arquitectura y de la docencia.

De estos autores se distinguen los vinculados a la posmodernidad (o desde la angulación de la arquitectura, sino desde la filosofía) y los relacionados con la sobremodernidad. La posmodernidad entendida como fragmentación, como movimiento, como inestabilidad.

Los autores básicos relacionados con la posmodernidad que adquieren importancia en este apartado, arrancarían desde Foucault, desde el postestructuralismo:

1. Foucault desde su producción y, en especial, desde *Las palabras y las cosas*, en el giro teórico del postestructuralismo, mediante el que se redujo el lenguaje a un sistema de signos que expresaban significados arbitrarios, adquiriendo las palabras su significado independientemente de las cosas.

2. Los textos de Jean Baudrillard. Tomado como uno de los referentes básicos del trabajo, desde su postura más próxima a los medios de comunicación –anunciada desde finales de los setenta– en su idea de que la sociedad moderna se encaminaba hacia la uniformidad, en su vinculación con las nuevas tecnologías y su conexión con la destrucción del espacio público: nuestra época iba a ser la era de la información. Son tomados como referencia de este pensador provocador libros como *El espejo de producción, Las estrategias fatales, El crimen perfecto, El otro por sí mismo, De la seducción, Pantalla total* o *Contraseñas*, en el que se cristalizan resumidas las ideas clave de sus obras.

3. Jean-François Lyotard, el filósofo del posmodernismo, en su libro *La condición posmoderna*, según el cual la época de los grandes relatos ha desaparecido y ha perdido su credibilidad. La ciencia posmoderna ha transformado de manera definitiva el sentido del saber. La Historia ha concluido y sólo quedan microhistorias, sin un fin común.

4. Jürgen Habermas. Uno de los más relevantes miembros de la segunda generación de la Escuela de Frankfurt, desde su entendimiento de la extensión e intrusismo de los medios de comunicación, de las multinacionales y de la cultura en el tejido económico del planeta. Desde su planteamiento del consenso como vía para conducir la técnica al servicio del hombre.

5. Gilles Deleuze (junto con Guattari). Constituye otros de los referentes básicos del ensayo en relación a la arquitectura, en especial su libro *Mil mesetas. Capitalismo y esquizofrenia.* El interés

por Deleuze se centra en la apropiación de aspectos de su obra como el devenir, la repetición y la diferencia. Así como en otros aspectos –tal y como indica el propio Deleuze– que significan que lo no enseñable es lo no significado. También el interés en Deleuze se centra en sus estudios sobre el movimiento (*La imagen-movimiento*), así como en sus análisis sobre el Barroco extrapolables a la situación de hoy, en su libro *El pliegue*.

6. El trabajo de Fredreric Jameson, y singularmente *El posmodernismo o la lógica cultural del capitalismo* también, de manera especial, en la vinculación que establece entre los fenómenos que caracterizaron el posmodernismo con la arquitectura, a través de fenómenos como la movilidad y la fragmentación.

7. Jaques Derrida. El creador del deconstruccionismo, generador de fuertes relaciones con la crítica de la arquitectura. En este estrato se mueven las referencias en torno a *L'escriture et le diffèrence* y el relativamente reciente *No escribo sin luz artificial*. Con Derrida se abordan temas como las artes del espacio, el nuevo concepto de *espaciedad* o el límite.

8. Otros autores relacionados con el posmodernismo se encontrarían en Bataille, Guy Debord (y sus visiones de antelación a la sociedad fluctuante de hoy en *La sociedad del espectáculo* y la *Teoría de la deriva* junto son el Situacionismo), Marshall Mc Luhan (con las extensiones de los sentidos del hombre en *La aldea global*), Daniel Bell (con sus teorías en torno a lo que denominó Sociedad postindustrial) y o Walter Benjamin (especialmente en su texto fundamental *La obra de arte en la era de la reproductibilidad técnica*).

9. Por otra parte, metodológicamente, como transición entre el posmodernismo y el sobremodernismo, se incluirían autores como Richard Rorty (en su visión en torno al pragmatismo político y económico en la sociedad del liberalismo, con *Contingencia, ironía y solidaridad* o *Pragmatismo y Política*) y Paul Virilio (una referencia de ineludible importancia en relación a sus escritos sobre la velocidad de cambio en la sociedad y su conexión con los

medios de comunicación y la arquitectura, entre los que destacaría *Estética de la desaparición*). Conviene aclarar que estos autores citados podrían incluirse, debido a la prolongada evolución de sus escritos, y por tanto, a las nociones incluidas en los últimos libros, en el apartado de los autores de la sobremodernidad.

Otros autores a incluir en este apartado de transición serían Georges Perec, Daniel Goleman, Umberto Eco (en algunos de sus escritos, ya que participa también de esas condición de estado transitorio entre dos épocas, como *Seis paseos por los bosques narrativos*) o John Cage.

10. Por último, se situarían los autores de referencia más incisivamente directa de la sobremodernidad.

En esta órbita gravitarían los siguientes autores:

- Marc Augé, desde la antropología, con *Los no lugares. Espacios del anonimato. Una antropología de la sobremodernidad*, como texto iniciador del concepto de sobremodernismo, en el que aparece por vez primera el término sobremodernidad. También Augé se toma como referencia en otros de sus numerosos escritos, como antecedentes a los no lugares, y que se sitúan desde aquí en la órbita sobremoderna, ya que adelantan muchos aspectos que posteriormente se concretarían en el concepto de sobremodernidad: *Travesía por los jardines de Luxemburgo, El viaje subterráneo: Un etnólogo en el metro*.

- Mark Dery, en su *Velocidad de escape*, texto de referencia clave sobre la nueva cultura digital y sobre la cibercultura.

- *Anyhow*, a cargo de Cynthia Davidson junto con van Berkel, Jameson, Lynn, Koolhaas y otros participantes, fruto de unas jornadas de reflexión y debate en torno a diversos campos como el arte, la filosofía, la historia o la ciencia, en una multidisciplinar discusión alrededor de la arquitectura, que tuvieron lugar en el Instituto Holandés de Arquitectura de Rotterdam.

- *Unhealthy places*, desde la sociología, de Fitzpatrick y Lagory, el análisis de aspectos relacionados con la vida en las áreas metropolitanas de las ciudades en América, asociados a la influencia del capitalismo, y vinculados a la importancia del contexto, éste último desde una perspectiva evolucionada. En otros términos, una visión novedosa del desarraigo.

- El también reciente libro *Globalizing cities* de Marcuse y van Kempen, en el que analizan desde la óptica de lo global y lo local fenómenos de las actuales metaciudades en diversos lugares del planeta.

- Otros autores también directamente relacionados con el paradigma de la sobremodernidad, desde una relación extractada, serían los siguientes:

Desde la filosofía, José Luis Pardo y sus nociones en relación a la exterioridad.

Desde la literatura, Michel Houllebecq, en sus visiones sobre el mundo globalizado de hoy y los medios con el concepto de poesía del movimiento suspendido.

Ángel Gabilondo, desde la filosofía también, y su noción de alteridad.

Javier Echeverría en sus angulaciones sobre la ciudad a distancia, *Telépolis*, o la ciudad construida a través de los medios de comunicación, como un paso más en el entendimiento de los ciudadanos de la nueva configuración de las ciudades de hoy.

Hans Ibelings y sus escritos en relación a la arquitectura hoy, en el concepto de Supermodernismo.

También los conceptos de Eugenio Trías en sus escritos sobre el límite.

Los textos de Koolhaas sobre los cambios vertiginosos producidos en las hiperciudades del planeta, en especial *Mutations*.

Los textos de José Antonio Marina sobre el lenguaje y, especialmente, el texto *Crónica de la ultramodernidad*, en el que aporta una fundamental serie de últimas aportaciones al concepto de sobremodernidad.

Los escritos sobre Ética y que han influido en mis reflexiones sobre la Ética en la Arquitectura (dirigidas en *Para una Ética de la Arquitectura en el siglo XXI*), en los autores: Michel Foucault,

Jose Luis L. Aranguren, Paul Ricoeur, J. Habermas, Sartre, Wittgenstein, Lévinas o Moore.

Los textos de Alessandro Baricco sobre la contextualización de la situación actual que la centra en lo que demonina *el mapa de batalla*, en especial su último libro *Los Bárbaros. Ensayo sobre la mutación*.

Los fundamentales escritos de Gilles Lipovetsky y Jean Serroy sobre la cultura mediática en lo que llaman *era hipermoderna*.

Y, por último, los textos de Sennett sobre la situación actual del ser humano dentro de la complejidad de la sociedad de hoy, dentro de lo que se denomina *nuevo capitalismo*.

2. Autores de conexión. Borde

En este apartado se incluirían aquellos autores que introducen en sus discursos aspectos e intuiciones que apuntan a otros aspectos. Serían los precursores de la posmodernidad o pre-posmodernos, como precedentes ineludibles al armazón conceptual al que hacía referecnia anteriormente.

Una vez desarrollados con atención los autores relativos al primer apartado, en este segundo el recorrido expositivo se plantea más mucho más brevemente. Se enfocarn desde la arquitectura y desde otras disciplinas transversales a ella. Los autores relativos a la crítica de la arquitectura –intentando seguir una clasificación cronológica–, ya ampliamente conocidos –abarcarían nombres como Bruno Zevi, Sigfried Giedion, Reyner Banham, Christian Norberg-Schultz, Colin Rowe, Le Ricolais, Manfredo Tafuri, Robert Venturi, Charles Jencks, Kenneth Frampton, Oriol Bohigas y, especialmente, Juan Daniel Fullaondo, que podría ser inscrito en el apartado anterior como precursor sobremoderno, por sus posiciones crítico-teóricas, sus enseñanzas docentes y de conceptualización de la Arquitectura.

Desde otras disciplinas, como la filosofía, la semiótica, la literatura o el arte, la relación abarcaría autores como Roland Barthes, Gaston Bachelard, Umberto Eco o Karl Popper.

Desde la crítica de los fenómenos del arte contemporáneo, las visiones de Giulio Carlo Argan y Simón Marchán.

3. Autores aclaratorios de conceptos

Se incluyen autores y temas de orden más general, para clarificar conceptos o nociones relativas a aspectos muy específicos. Serían los autores de referencias genéricas de concepto.

De análoga manera a los anteriores apartados, la fuente recogería las aguas en diversas disciplinas, siempre en su vinculación con el concepto de espacio y ciudad. En este sentido –sin querer pormenorizar– se incluyen autores en un arco abarcante que comprende desde la griega antigua hasta el siglo XX. Se expone seguidamente una sucinta relación paradigmática:

En la filosofía, se iniciaría el recorrido con Platón, Aristóteles, Heráclito. Otros referentes contemporáneos –del siglo XX– serían Ortega, Heidegger y Spengler.

En pintura y escultura, se hablaría de Kandinsky, Mondrian o van Doesburg, desde las vanguardias históricas.

Desde la escultura en su unión con la metafísica, la figura de Oteiza.

En literatura y poesía: Moro, Hugo, Baudelaire, Mallarmé, Rilke, Pound, Joyce o Borges.

En el ámbito específico de la arquitectura, se partiría del Movimiento Moderno: Le Corbusier, Loos, Wright o Hilberseimer, analizados a través de autores como Rykwert o Collins.

4. Referencias sobre el Espacio Público y al Paisaje

Se recogen referencias específicas relacionadas de manera directa con lo que se ha venido a llamar hasta finales del siglo XX *arquitectura del espacio público* o del *paisaje*: parques, plazas, jardines, paseos, etc.

1. Bibliografía de conexión directa

- Arendt, Hannah. "De la historia a la acción". Editorial Paidós. Barcelona. 1995.

- A.A.V.V. "Feelings. Are always local". Publishing / NAI Publishers. Rotteradm. 2004

- A.A.V.V. " Post-it City. Ciutat ocasionals". CCCB. Barcelona, 2008.

- Augé, Marc. "Los no lugares" Editorial Gedisa. Barcelona. 1995.

- Augé, M., Ménard, D., Granoff, W. Lang, J.L., Mannoni, O. "El objeto en psicoanálisis. El fetiche, el cuerpo, el niño, la ciencia". Editorial Gedisa. Barcelona. 1997.

- Augé, Marc. "El viaje imposible". Editorial Gedisa, Barcelona. 1998.

- Augé, Marc. "La guerra de los sueños. Ejercicios de etno-ficción". Editorial Gedisa. Barcelona 1998.

- Augé, Marc. "Sobremodemidad y no lugares". Revista "Astrágalo", Núm.4. Mayo 1 996. Madrid. Monográfico titulado "Paisaje artificial". Pág. 84.

- Augé, Marc. "Travesía por los jardines de Luxemburgo". Editorial Gedisa, Barcelona. 1987.

- Augé, Marc. "El tiempo en ruinas". Editorial Gedisa, Barcelona. 2003.

- Augé, Marc. "¿Por qué vivimos? Por una antropología de los fines". Editorial Gedisa, Barcelona. 2004.

- Baricco, Alessandro. "City". Editorial Anagrama. Barcelona.2001.

- Baricco, Alessandro. "Los bárbaros. Ensayo sobre la mutación". Editorial Anagrama. Barcelona.2006.

- Barrett, Neil. "El estado de la cibernación". Flor de Viento Ediciones. 1998.

- Bataille, Georges. "Historia del ojo". Tusquets Editores. Barcelona. 1997.

- Baudrillard, Jean. "Cultura y simulacro". Editorial Paidos. Barcelona. 1993.

- Baudrillard, Jean. "De la seducción". Ediciones Cátedra. Madrid. 1998.

- Baudrillard, Jean. "El crimen perfecto". Editorial Anagrama. Barcelona. 1997.

- Baudrillard, Jean. "El espejo de la producción". Editorial Gedisa. Barcelona. 1996.

- Baudrillard, Jean. "El intercambio imposible". Ediciones Cátedra. Madrid. 2000.

- Baudrillard, Jean. "El otro por sí mismo". Editorial Anagrama. Barcelona. 1997.

- Baudrillard, Jean. "El paroxista indiferente. Conversaciones con Philippe Petit". Editorial Anagrama. Barcelona. 1998.

- Baudrillard, Jean. "La transparencia del mal. Ensayo sobre los fenómenos extremos". Editorial Anagrama. Barcelona. 1997.

- Baudrillard, Jean. "Las estrategias fatales". Editorial Anagrama. Barcelona. 1997.

- Baudrillard, Jean. "Pantalla total". Editorial Anagrama. Barcelona. 2000.

- Baudrillard, Jean. "Contraseñas". Editorial Anagrama. Barcelona, 2002.

- Bell, Daniel. "El advenimiento de la sociedad post-industrial". Alianza Universidad. Madrid. 1994.

- Bauman, Zygmunt. "Amor líquido. Acerca de la fragilidad de los vínculos humanos".Fondo de Cultura Económica. Madrid, 2007

- Bégout, Bruce. "Zerópolis". Anagrama Editorial. Barcelona, 2007.

- Bell, Daniel. "Las contradicciones culturales del capitalismo". Alianza Editorial. Madrid. 1994.

- Benjamin, Walter. "La obra de arte en la era de su reproductibilidad técnica". Publicado en la revista "Astrágalo, núm. 11, mayo 1999, pág. 77. Publicado por primera vez en francés en 1936 incompleto. Traducción completa al español en "Discursos interrumpidos", 1. Taurus. 1973.

- Bloom, Harold "Presagios del milenio. La gnosis de los ángeles, el milenio y la resurrección". Editorial Anagrama. Barcelona. 1997.

- Boom, Harold. "El futuro de la imaginación". Editorial Anagrama. Barcelona. 2002.

- Bourdieu, Pierre. "Sobre el Estado. Cursos en el Collège de France. 1989-1992). Editorial Anagrama. Barcelona. 2014.

- Brissac, Nellson. Conferencia publicada en X.DOC. 05.03.04. Ciclo: "Autor Lecture Quest Links". Insituto de Arquitectura Avanzada de Cataluña. Ed. IAAC. Barcelona. 2004.

- Bryson, Bill. "Una breve historia de casi todo". RBA Libros. Barcelona, 2005.

- Bwo-Wou. "Post Bubble City". INAX Publishing. Tokyo, 2006.

- Bustos, Eduardo de. "La metáfora. Ensayos transdisciplinares". Fondo de Cultura Económica de España. Madrid. 2000.

- Cage, John. "Escritos al oído".Colegio Oficial de Aparejadores y Arquitectos Técnicos de Murcia. Colección de Arquitectura. 1999.

- Chandler, D. Alfred. "Inventing the Electronic Century". Harvard University Press. Cambridge, Massachusets. 2005.

- Choay. Françoise. "Hacia un nuevo estatuto de los signos de la ciudad". Escrito aparecido en la revista "Astrágalo". Núm. 2. Pág. 9. Marzo-1995.

- Cioran, E.M. "Ese maldito yo". Tusquets Editores. Barcelona. 1988.

- Cioran, E.M. "Historia y utopía". Tusquets Editores. Barcelona. 1988.

- Clifford, James. "Itinerarios Transculturales". Gedisa Edit. Barcelona. 1999.

- Connor, Steven. "Cultura postmodema". Ediciones Akal. Madrid. 1996.

- De Certeau, Michel. "L'invention de quotidien. 1. Arts de faire". No indica ciudad. Ediciones Gallimard. 1990.

- Debord, Guy y AAVV. "Teoría de la deriva". Textos Publicados conjuntamente con motivo de la exposición Situacionistas. Arte, política, urbanismo". Ed: Libero Andreotti y Xavier Costa. Museu d'Art Contemporani de Barcelona y Actar. Barcelona. 1996.

- Debord, Guy. "Comentarios sobre la sociedad del espectáculo". Editorial Anagrama. Barcelona. 1999.

- Debord, Guy. "In girum imus nocte et consumimur igni. Seguido de basura y escombros". Editorial Anagrama. -Barcelona. 2000.

- Debord, Guy. "La sociedad del espectáculo". Castellote Editor.

- Debord, Guy. "Panegírico". Ed. Acuarela Libros. Madrid, 1998.

- Deleuze, Gilles. "El pliegue. Leibniz y el barroco". Ediciones Paidos Ibérica. Barcelona 1998.

- Deleuze, Gilles / Parnet, Claire. "Diálogos". Pre-Textos. Valencia. 1997.

- Deleuze, Gilles / Guattari, Félix. "Mil mesetas. Capitalismo y esquizofrenia". Edición Pre - Textos. Valencia. 1997.

- Deleuze, Guilles. "La imagen - movimiento: estudios sobre cine n° 1. Paidos. Barcelona. 1987.

- Deleuze, Guilles. "La imagen - movimiento: estudios sobre cine n° 2. Paidos. Barcelona. 1984

- Derrida, Jacques. "No escribo sin luz artificial". Cuatro Ediciones. Valladolid. 1999.

- Derrida, Jacques. "Aporías". Morir-esperarse (en) "los límites de la verdad".Ed. Paidós. Barcelona. 1998.

- Dery, Mark. "Velocidad de escape". Ediciones Siruela. Madrid. 1998.

- Davidson, Cynthia C. Con Eisenman - P., Berkel, B. - Jameson, F.- Geuze, A. -Lynn, G - Koolhaas. y otros."Anyhow". Anyone Corporation. New York. 1998.

- Eagleman, David. "Incógnito. Las vidas secretas del cerebro". Editorial Anagrama. Barcelona. 2013

- Echeverría, Javier. "Cosmopolitas domésticos". Editorial Anagrama. Barcelona. 1995.

- Echeverría, Javier. "Los señores del aire: Telépolis y el tercer entorno". Ediciones Destino. Barcelona. 1999.

- Echeverría, Javier. "Telépolis". Ediciones Destino. Barcelona.

- Echeverría, Javier y A.A.V.V.. "Las afueras. Siete visiones de la vida metropolitana". Colección: Exit. Dirigida por Ábalos, I. y Herreros, J. Liga Multimedia Internacional. Madrid. 1995

- Eco, Humberto. "Seis paseos por los bosques narrativos". Editorial Lumen. 1996.

- Eco, Humberto. "A paso de cangrejo". Random House Mondadori. Barcelona, 2007.

- Enzensberger, Hans Magnus. "Mediocridad y delirio". Anagrama Editorial. 2002.

- Fitzpatrick, Kevin / Lagory, Mark. "Unhealthy Places". Routledge. New York. 2000.

- Foucault, Michel. "Las palabras y las cosas". Siglo XXI de España Editores. Madrid. 1999.

- Gabilondo, Ángel. "Menos que palabras ". Alianza Editorial. Madrid. 1999.

- Gabilondo, Ángel. "La vuelta del otro. Diferencia. Identidad. Alteridad." Editorial Trotta. Universidad Autónoma de Madrid. Madrid. 2001.

- García Vázquez, Carlos. "Ciudad Hojaldre. Visiones Urbanass dl Siglo XXI". ED. G.G. Barcelona. 2004.

- Gausa,M.- Guallart, V.- Müller.W. "Metápolis". Ed. Actar. Barcelona. 1999.

- Gausa, Manuel y A.A.V.V. "Diccionario Metápolis de Arquitectura Avanzada". Actar. Barcelona. 2001.

- Gazapo De Aguilera, Darío y A.A.V.V. "Espacio público". "Metáforo Madrid". Ministerio de Fomento. Editorial Rueda. Madrid. 2000.

- Giannetti, Claudia. "Ars Telemática. Telecomunicación, Internet y Ciberespacio Ed. Associació de Cultura Contemporánia l'Angelot. Barcelona. 1998.

- Giannetti, Claudia. "Arte en la era electrónica. Perspectivas para una nueva estética. Ed. Associació de Cultura Contemporánia l'Angelot y Goethe-Institut. Barcelona. 1998.

- Goleman, Daniel. "El punto ciego". Plaza & Janés Editores. Barcelona. 1977.

- González García, Ángel. "El resto. Una historia invisible del arte contemporáneo". Museo de Bellas Artes de Bilbao. Museo Nacional Centro de Arte Reina Sofia. Madrid. 2000.

- Grenn, Brian. "El universo elegante. Supercuerdas, la búsqueda de una teoría final". Editorial Crítica. Barcelona, 2006.

- Guiheux, Alain. "Libelo por una ciudad contemporánea suntuosa". Texto en el catálogo de la exposición "Visiones urbanas. Europa 1870-1993. La ciudad del artista. La ciudad del arquitecto". Centre de Cultura Contemporánia de Barcelona. Ed. Electa. Madrid. 1994

- Güller Güller. "Del aeropuerto a la ciudad-aeropuerto". Ed. G.G. Barcelona. 2002.

- Habermas, Jünger. "Ciencia y técnica como ideología". Editorial Tecnos. Madrid. 1999.

- Habermas, Jünger y otros. "Conversaciones con Herbert Marcuse". Gedisa, Barcelona. 1980.

- Hamzah, T.R. & Yeang. "Clothes & enclosures". Adf Management Sdn. Bhd. Malaysia. 1998.

- Helgesen, Sally. "Abierto las 14 horas". Empresa Activa Ed. Barcelona, 2003.

- Houellebecq, Michel. "El mundo como supermercado". Editorial Anagrama. Barcelona. 2000.

- Houellebecq, Michel. "Las partículas elementales". Editorial Anagrama. Barcelona. 1999.

- Houellebecq, Michel- Lèvy, Bernard-Henri. "Enemigos públicos". Editorial Anagrama. Barcelona. 2010.

- Ibelings, Hans. "Supermodemismo. Arquitectura en la era de la globalización". Editorial Gustavo Gili. Barcelona 1998.

- Jameson, Fredric. "El posmodernismo o la lógica cultural del capitalismo avanzado". Ediciones Paidos Ibérica. Barcelona. 1995.

- Koolhaas, Rem. "Delirius New York". The Monacelli Press. Inc. New York. 1994.

- Koolhaas, Rem & Mau, Bruce. "S,M,L,XL." The Monacelli Press, Inc. New York. 1995.

- Koolhaas, Rem. "Mutaciones". Actar. Barcelona. 2000.

- Koolhaas, Rem. "Conversaciones con estudiantes". Ed. Gustavo Gili. Barcelona. 2002.

- Kundera, Milan. "La lentitud". Tusquets Editores. Barcelona. 1995.

- Landa, Manuel. Conferencia publicada en X.DOC. 31.01.04. Ciclo: "Autor Lecture Quest Links". Insituto de Arquitectura Avanzada de Cataluña. Ed. IAAC. Barcelona. 2004.

- Lang, Peter; Menking, William. "Superstudio. Life Without Objetcs". Skira Ed. Milano. 2003.

- Lerner, Jaime. Conferencia publicada en X.DOC. 23.01.04. Ciclo: "Autor Lecture Quest Links". Insituto de Arquitectura Avanzada de Cataluña. Ed. IAAC. Barcelona. 2004.

- Lévinas, E. "Ética e infinito". Madrid. Ed. A. Machado. 2000.

- Lyotard, Jean-François. "La condición postmoderna". Ediciones Cátedra. Madrid. 1994.

- Lipovetsky, Gilles. "Los tiempos hipermodernos", Anagrama Ed. 2006.

- Lipovetsky, Gilles; Serroy, Jean. "La pantalla global. Cultura mediàtica y cine en la era hipermoderna". Editorial Anagrama. Barcelona, 2007.

- Lootsma, Bart. "Reality Bytes". Birkhäuser Verlag GmbH. Basel. 2016.

- Maas, W; Van Rijs, J; De Vries, N. MVRDV. "Farmax. Excursions on Density" 010 Publishers. Rotterdan. 1998.

- Mc Luhan, Marshall y Powers, B.R. "La aldea global". Editorial Gedisa. Barcelona. 1995.

- Marcuse, Peter and Van Kempen, Ronald. "Globalizing Cities". Blackweil Publishers. Oxford. 2000.

- Marina, José Antonio. "Crónicas de la ultramodernidad". Editorial Anagrama. Barcelona. 2000.

- Marina, José Antonio. "La selva del lenguaje. Introducción a un diccionario de los sentimientos". Anagrama Ed. Barcelona. 1999.

- Marina, José Antonio. "Las Arquitecturas del Deseo". Editorial Anagrama. Barcelona. 2007.

- Martín Prada, Juan. "La apropiación posmoderna. Arte, práctica apropiacionista y teoría de la posmodernidad". Editorial Fundamentos. Colección Arte. Madrid. 2001.

- Michaelsen, Scott; Johnson, David. "Teoría de la Frontera. Los límites de la política cultural". Gedisa Editorial. Barcelona. 2003.

- Monod, Jacques. "El azar y la necesidad". Tusquets Editores. Barcelona. 2000.

- Muxi, Zaida. "La Arquitectura de la Ciudad Global". Ed. G.G. Barcelona. 2004.

- Pardo, José Luis. "Las formas de la exterioridad". Editorial Pre-Textos. Valencia. 1992.

- Pardo, José Luis."Sobre los espacios: pintar, escribir, pensar." Ediciones Del Serbal. Barcelona.

- Pardo, José Luis y A.A.V.V. "Las afueras. Siete visiones de la vida metropolitana". Liga Multimedia Internacional. Dirigida por Ábalos, I. y Herreros, J. Exit. Lmi, N'. 2. Madrid. 1995.

- Perec, Georges. "El secuestro". Editorial Anagrama. Barcelona. 1987.

- Perec, Georges. "Especies de espacios". Literatura y Ciencia. Barcelona. 1999.

- Perec, Georges. "Las cosas. Una historia de los años sesenta". Editorial Anagrama. Barcelona. 1992.

- Pinillos, José Luis. "El corazón del laberinto. Crónica del fin de una época". Editorial Espasa Calpe. Madrid. 1997.

- Provoost, Colenbrander, Alkemade. "Dutchtown. A city centre design by Oma/ Rem Koolhaas".Nai Publishers, Rotterdam. 1999.

- Redhead, David. "Products of our time". Birkhaüser-Publishers for Architecture. UK. 2000.

- Ricoeur, P. "La métaphore vive". Seuil. París. 1975.

- Riggs, John / David Peat, F. "Las siete leyes del caos". Grijalbo. Barcelona. 1999.

- Rogers, Richard. "Technological landscapes". Rca Crd Research. United Kingdom. 1999.

- Rorty, Richard. "Contingencia, ironía y solidaridad". Ediciones Paidos Ibérica. Barcelona. 1991.

- Rorty, Richard. "Pragmatismo y política". Ediciones Paidos Ibérica. Barcelona. 1997.

- Savater, Fernando. "El contenido de la felicidad". Ediciones El País Aguilar. Madrid. 1994.

- Seaman, Bill. "Resonance/Resonancia". Dept. de Educación y Cultura del Gobierno de Navarra. Navarra. 1998.

- Seguí de la Riva, Javier. "La ciudad radicalizada. Una Propuesta arquitectónica y pedagógica". Curso de Análisis de Formas Arquitectónicas II. 1993-94. E.T.S.A.M. Madrid. 1994.

- Sennett, Richard. "La corrosión de carácter. Las consecuencias personales del trabajo en el nuevo capitalismo". Aditorial Anagrama. Barcelona, 2000.

- Sennet, Richard. "La cultura del nuevo capitalismo". Anagrama Editorial. Barcelona, 2006.

- Soriano, Federico. "Sin_tesis". Ed. G.G. Barcelona. 2004.

- Spyropoulos, Theodore. "Adaptive Ecologies. Correlated Systems of Living". AA Publications. London. 2013.

- Stallabrass - Mourik Broekman - Ratnam. "Locus. Solus. Site, identity, technology in contemporary art". Black Dog Publishing Limited. London. 2000.

- Subirats, Eduardo. "La ciudad fractal". Artículo aparecido en la revista "Astrágalo", núm. 4, mayo 1996, pp. 9 a 15.

- Trías, Eugenio. "El artista y la ciudad". Editorial Anagrama. Barcelona. 1997.

- Trías, Eugenio. "Lógica del límite". Ediciones Destino. Barcelona. 1991.

- Trías, Eugenio. "Ciudad sobre ciudad". Ediciones Destino. Barcelona. 2001.

- Tschumi, Bernard. "Architecture and disjunction". The Mit Press. London. 1998.

- Vegara, Alfonso y A.A.V.V. "La Diagonal Europea". Ed. Fundación Metrópopli. Madrid, 2008.

- Vegara, Alfonso y de las Rivas, Juan Luis. "La inteligencia del territorio. Supercities". Ed. Fundación Metrópopli. Madrid, 2016.

- Verdú, Vicente. "El Personismo: la primera revolución cultural del siglo XXI". DeBoslillo Ed. Barcelona, 2007.

- Verebes, Tom y AAVV "Master Planning The Adpative City". Routledge Taylor & Francis Group Ed. London & New York 2014.

- Virilio, Paul. "El cibermundo, la política de lo peor". Ediciones Cátedra. Madrid. 1997.

- Virilio, Paul. "Estética de la desaparición". Editorial Anagrama. Barcelona. 1988.

- Virilio, Paul. "La máquina de visión". Editorial Cátedra. Madrid. 1989.

- Virilio, Paul. "Sobre la función oblicua". Entrevista realizada por R. Limón. Publicada en la revista BAU, núm. 13. 2º semestre, mayo 1995.

- Virilio, Paul. "Un paisaje de acontecimientos" Editorial Paidos Ibérica. Barcelona. 1997.

- Virilio, Paul. "Velocidad, guerra y vídeo". Entrevista realizada por F. Ewald. Publicada en Revista "Astrágalo", núm. 4. Mayo 1 996.

- Zaera-Polo, Alejandro y Pai, Hyungmin". "Imminent Commons: Urban qüestions for the near future". Actar Publishers and the Seoul Biennale of Architecture and Urbanism. New York, 2017

- Zengoitia, Thomas de. "Mediated. How the Media Shape Your World". Bloomsbury Publishing Plc. London, 2005.

2. Bibliografía - borde

- Argan, Giulio Carlo. "El arte moderno. Del Iluminismo a los movimientos contemporáneos. Ed. Akal. Madrid. 1992.

- Bachelard, Gaston, "La poética del espacio". Breviarios del Fondo de Cultura Económica. México. 1993.

- Banham, Reyner. "La Atlántida de hormigón". Editorial Nerea. Madrid. 1989.

- Banham, Reyner. "Megaestructuras. Futuro urbano del pasado reciente". Ed. Gustavo Gili. Barcelona. 1978.

- Barthes, Roland. "El grado cero en la escritura". Siglo Veintiuno Editores. Madrid. 1993.

- Barthes, Roland. "La aventura semiológica". Ediciones Paidos. Barcelona. 1990.

- Barthes, Roland. "Mitologías". Siglo Veintiuno Editores. Madrid. 1980.

- Beuys, Joseph. "Cada hombre, un artista." Visor Distribuciones. Madrid. 1995.

- Bohigas, Oriol. "Reconstrucción de Barcelona.". Monografías de la Dirección General De Arquitectura y Edificación. M.O.P.U. 1986.

- Broadbent, Geoffrey. "Emerging concepts in urban space design". Editorial Van Nostrand Reinhold (International). U.S.A. 1990.

- Calvino, Italo. "Las ciudades invisibles". Ediciones Minotauro. Barcelona. 1988.

- Derrida, Jacques. "L'ecriture et le différence", Editions du Sevil. París. 1967. Edición en español: "La escritura de la diferencia", Anthropos, Barcelona, 1989.

- Derrida, Jacques / Eisenman, Peter. "Choral Work". Architectural Assoc. 1991.

- Frampton, Keneth. "Historia crítica de la arquitectura moderna". Ed. Gustavo Gili. Barcelona. 1991.

- Frampton, Keneth. "En busca del paisaje perdido". Revista Arquitectura Núm. 285. Julio-Agosto 1990.

- Foucault, Michel. "Esto no es una pipa. Ensayo sobre Magritte". Editorial Anagrama. Barcelona. 1999.

- Foucault, Michel. "Vigilar y castigar". Siglo XXI de España Editores. Madrid. 1998.

- Foucault, Michel. "La verdad y las formas jurídicas". Editorial Gedisa. Barcelona. 1998

- Fullaondo Errazu, Juan Daniel. "Oteiza doble retrato". Kain Editorial. Madrid. 1991.

- Fullaondo Errazu, Juan Daniel - Muñoz, María Teresa. "Zevi". Kain Editorial. 1992.

- Fullaondo Errazu, Juan Daniel - Muñoz, María Teresa. "Historia de la arquitectura contemporánea española". Tomo III. Molly Editorial. Madrid. 1997.

- Fullaondo Errazu, Juan Daniel. "Arte, arquitectura y todo lo demás". Ediciones Alfaguara, S.A. 1972.

- Fullaondo Errazu, Juan Daniel. "Arte, proyecto y todo lo demás". Kain Editorial. Madrid.1991.

- Fullaondo Errazu, Juan Daniel. "Claude Parent, Paul Virilio. 1955-1968. Arquitectos". Ediciones Alfaguara. Nueva Forma. Barcelona – Madrid. 1968.

- Fullaondo Errazu, Juan Daniel. "Juan Daniel Fullaondo". Editorial Munilla-Lería. Madrid. 1990.

- Fullaondo Errazu, Juan Daniel. "Oteiza y Chillida en la moderna historiografia del arte". Editorial La Gran Enciclopedia Vasca. Bilbao. 1976.

- Giedion, Sigfried. "Espacio, tiempo y arquitectura". Editorial Dossat. Madrid. 1982.

- Gombrich, E.H. "Ideales e ídolos. Ensayos sobre los valores de la historia del arte". G.G Arte. Barcelona. 1981.

- Gómez De Liaño, Ignacio. "Paisajes del placer y de la culpa". Editorial Tecnos. Madrid. 1990.

- Hejung, Helen y Pai, Hiungmin. "Imminent Commons: Commoning Cities". Actar Publishers and the Seoul Biennale of Architecture and Urbanism. New York, 2017

- Huxley, Aldous. "Contrapunto". Editorial Edhasa. Barcelona 1987.

- Huxley, Aldous. "Nueva visita a un mundo feliz". Editorial Seix Barral. Barcelona 1985.

- Jammer, Max. "Storia del concetto di spazio". Giangiacomo Feltrinelli Editore. Milano. 1966.

- Jencks, Charles. "El lenguaje de la arquitectura posmoderna". Editorial Gustavo Gili. S.A Barcelona. 1986.

- Klotz, Heinrich. "Vision der moderne. Dans prinzip konstruktion". Prestel Verlag. München, 1986.

- Le Ricolais, Robert. "Visiones y paradojas". Fundación Cultural COAM. Madrid. 1997.

- Lévi-Strauss, Claude. "Mito y significado". Alianza Ed. Madrid. 1987.

- Maderuelo, Javier. "El espacio raptado". Editorial Mondadori. 1990.

- Maderuelo, Javier. "Arte Público". Catálogo Editado Con Motivo Del Simposio De Escultura Al Aire Libre En Huesca. Ed. Diputación De Huesca. 1994 y 1998.

- Marchán Fiz, Simón. "Del arte objetual al arte de concepto. Epílogo sobre la sensibilidad posmoderna". Ediciones Akal. Madrid 1997.

- Martorell / Bohigas / Mackay / Puigdoménech. "La Villa Olímpica. Barcelona-92. The Olympic Village". Editorial G.G. Barcelona. 1991.

- Norberg-Schulz, Christian. "Genius loci. Towards a phenomenology of architecture". Academy Ed. London.1980.

- Oteiza, Jorge. "Ley de los Cambios". Ediciones Tristan-Deche Arte Contemporáneo. Zarauz.1990.

- Piaget, Jean. "La psicología de la inteligencia". Editorial Crítica, Barcelona, 1999.

- Popper, Karl R.,"Búsqueda sin término. Una autobiografía intelectual". Editorial Tecnos, S.A Madrid. 1994.

- Popper, Karl. "La sociedad abierta y sus enemigos". Editorial Planeta-Agostini.. Barcelona. 1992.

- Rowe, Colin y Koetter, Fred. "Ciudad Collage". Editorial Gustavo Gili. Barcelona. 1981.

- Rowe, Colin. "Manierismo, Arquitectura Moderna y otros ensayos". Colección Arquitectura y Crítica. Editorial Gustavo Gili. Barcelona. 1978.

- Rowe, Colin. "Roma Interrota". Incontri Intenational d'Arte, 1978.

- Seguí de la Riva, Javier. Planell, Joaquín. Burgaleta, Pedro. "La interpretación de la obra de arte". Ed. Complutense. Madrid, 1996.

- Tafuri, Manfredo. "La esfera y el laberinto. Vanguardias y arquitectura de Piranessi a los años setenta". Editorial Gustavo Gili. Barcelona. 1984.

- Venturi, R., Izenour, S., Scott, D. "Aprendiendo de Las Vegas ". Editorial Gustavo Gili. S.A. Barcelona. 1998.

- Venturi, Robert. "Complejidad y contradicción en la arquitectura". Editorial Gustavo. Gili.S.A. Barcelona. 1995.

- Zevi, Bruno. "Historia de la arquitectura moderna". Editorial Poseidón. Barcelona. 1980.

- Zevi, Bruno. "Saber ver la arquitectura". Editorial Poseidón. Barcelona. 1979.

- Zevi, Bruno. "El lenguaje moderno de la arquitectura". Editorial Poseidón. Barcelona. 1978.

- Zevi, Bruno. "Espacios de la arquitectura moderna". Editorial Poseidón. Barcelona. 1980.

3. Bibliografía de clarificación conceptual

- Aguilera Cerni, Vicente. "Diccionario del arte moderno. Conceptos. Ideas. Tendencias". Editor F. Torres. 1986.

- Argan, Giulio Carlo / Bonito Oliva, Achille. "El arte moderno. El arte hacia el año 2.000". Ediciones Akal, S.A. Madrid. 1992.

- Argullol, Rafael. "El afilador de cuchillos". Ed. El Acantilado Quaderns Crema. Barcelona. 1999.

- Aristóteles. "Política". Editorial Espasa. Madrid. 1941.

- Asensio, Francisco. "Atlas de arquitectura actual". Ed. Könemann. Colonia. 2000.

- Bachelard, Gaston. "La poética de la ensoñación". Fondo De Cultura Económica. México. 1997.

- Bachelard, Gaston. "El agua y los sueños". Breviarios Del Fondo De Cultura Económica. México. 1994.

- Barrier, Janine. "Piranese". Bibliotheque de L'Image. 1995.

- Baudelaire, Charles "Las flores del mal". Alianza Editorial. Madrid. 1992.

- Benévolo, Leonardo. "Historia de la Arquitectura Moderna". Ed. Gustavo Gili. Barcelona. 1980.

- Benévolo, Leonardo. "Introducción a la arquitectura". H. Blume Ediciones. Madrid. 1960.

- Berger, John. "Mirar". Editorial Gustavo Gili. Barcelona. 2001.

- Berger, John. "Modos de ver". Editorial Gustavo Gili. Barcelona. 2000.

- Bernabé, Alberto. "Filósofos Presocráticos, de Tales a Demócrito". Editorial Atalaya Barcelona. 1996.

- Bohigas, Oriol. "Proceso y erótica del diseño". La Gaya Ciencia. Barcelona. 1978.

- Borges, Jorge Luis. "Ficciones". Ed. Planeta. 1956.

- Borges, Jorge Luis. "Obras completas". Ed. Ultramar. 1977.

- Borges, Jorge Luis. "Nueva antología personal". Ed. Espasa-Calpe. 1982.

- Casares, Julio. "Diccionario Ideológico de la Lengua Castellana". Ed. Gustavo Gili. 1966.

- Cirlot, Juan E. "Diccionario de Símbolos". Editorial Labor, S.A. Barcelona. 1991.

- Collins, Peter. "Los ideales de la Arquitectura Moderna. Su evolución (1750-1950)". Editorial Gustavo Gili. Barcelona. 1977.

- Corominas, Joan. "Diccionario Etimológico de la Lengua Española". Ed. Gredos. Madrid. 1996.

- Croce, Benedetto. "Breviario de Estética". Editorial Planeta-Agostini. Barcelona. 1993.

- De Fusco, Renato. "Historia de la Arquitectura Contemporánea". Celeste Ediciones. Madrid. 1996.

- Doesburg, Theo Van. "Principios del nuevo arte plástico y otros escritos". Colección Arquitectura n°18.Colegio Ofical de Aparejadores y Arquitectos Técnicos de Murcia. Artes Gráficas Soler, S.A. Valencia. 1985.

- Eco, Umberto. "Cómo se hace una tesis. Técnicas y procedimientos de investigación, estudio y escritura". Editorial Gedisa S.A. Barcelona. 1998.

- Eco, Humberto. "Obra abierta". Planeta-Agostini. Barcelona. 1985.

- Eco, Umberto. "La estructura ausente". Editorial Lumen. Barcelona. 1978.

- Eisenman, Peter. "Amnesie". A+U. Architecture and Urbanisme. Tokyo. Ag. 1988.

- Falcón Martínez, Constantino / Fernández Galiano, Emilio / López Melero, Raquel. "Diccionario de la mitología clásica". Alianza Editorial. 1980.

- Farrington, Benjamín. "Ciencia y filosofía de la Antigüedad". Editorial Ariel. 1971.

- Ferrater Mora, José. "Diccionario de filosofía". Ed. Sudamericana. 1967.

- Friedman, Yona. "La arquitectura móvil". Ed. Poseidón. Barcelona. 1978.

- Hauser, Arnold. "Historia social de la literatura y el arte". Guadarrama. Madrid. 1976.

- Heidegger, Martín. "El ser y el tiempo". Fondo De Cultura Económica. México. D.F. 1993.

- Heidegger, Martín. "Conferencias y artículos". Ediciones Del Serbal. Barcelona 1994.

- Heidegger, Martín. "Arte y poesía". Fondo De Cultura Económica. México. D.F. 1995.

- Hitchcock, Henry-Russell. "Architecture: nineteen and twentieth centuries". Penguin Books. Baltimore. 1968.

- Hugo, Victor. "Nuestra Señora de París". Alianza Editorial. 1990.

- J.J.P.Oud. "Mi trayectoria en "De Stijl". Colección Arquitectura 2. C.O. Arquitectos Técnicos De Murcia. Valencia. 1986.

- Jodidio, Philip. "Architecture now". Ed. Taschen. 2001.

- Joyce, James. "Ulises". Bruguera. Barcelona. 1982.

- Joyce, James. "Retrato del artista adolescente". Seix Barral. Barcelona. 1984.

- Jung, C.G. "Recuerdos, sueños, pensamientos". Editorial Seix Barral. Barcelona. 1986.

- Kandinsky, W. "Punto y línea sobre el plano. Contribución al análisis de los elementos pictóricos". Ed. Labor. Barcelona. 1991.

- Kandinsky, W. "De lo espiritual en el arte". Ed. Labor. Barcelona. 1992.

- Le Corbusier. "Cuando las catedrales eran blancas". Editorial Poseidón. 1979.

- Le Corbusier. "El espíritu nuevo en Arquitectura. En defensa de la Arquitectura". Colección Arquitectura 7. C.O. Arquitectos Técnicos De Murcia. Valencia. 1993.

- Le Corbusier. "Los tres asentamientos humanos". Editorial Poseidón. Buenos Aires. 1969.

- Le Corbusier. "Le Poème de l'Angle Droit". Fondation le Corbusier/Editions Connivences. París. 1989.

- Le Corbusier. "Vers une architecture". Champs Flammarion. París. 1995.

- Le Corbusier. "El Modulor". Ed. Poseidón. Barcelona. 1980.

- Lévi-Strauss, Claude. "Mito y Significado". Alianza Editorial. Madrid. 1995.

- Loos, Adolf. "Ornamento y delito y otros escritos". Editorial Gustavo Gili. Colección Arquitectura y Crítica. 1972.

- Marías, Julián. "Razón de la filosofía". Alianza Editorial. Madrid. 1993.

- Moliner, María. "Diccionario del uso del español". Ed. Gredos. Madrid. 1984.

- Mondrian, Piet. "La nueva imagen en la pintura". Colección Arquilectura N'9. Colegio Oficial De Aparejadores y Arquitectos Técnicos De Murcia. Artes Gráficas Soler, S.A. Valencia. 1993.

- Morin, Edgar. "La mente bien ordenada". Editoral Seix Barral. Barcelona 2001.

- Moro, Tomás. "Utopía". Alianza Editorial. Madrid. 1995.

- Mújica Láinez, Manuel. "Bomarzo". Planeta. Barcelona. 1984.

- Ortega y Gasset, José. "La rebelión de las masas". Ed. Espasa Calpe. Colección Austral. 25ª Edición. Madrid. 1986.

- Ortega y Gasset. "Origen y epílogo de la filosofía". Alianza Editorial. Madrid. 1981.

- Oteiza, Jorge. "Propósito experimental". Fundació Caixa de Pensions. Barcelona. 1988.

- Panofsky, Erwin. "La perspectiva como forma simbólica". Tusquets Editor. Barcelona. 1973.

- Platón. "Diálogos". Editorial Planeta-Agostini. Madrid. 1996.

- Pound, Ezra. "Disfraces". Grijalbo Mondadori. Madrid. 1999.

- Riegl, Alois. "Problemas de estilo". Ed. G.G. Barcelona. 1980.

- Rilke, Rainer María. "Nuevos poemas". Ediciones Hiperión. Madrid. 1991.

- Rulfo, Juan. "Relatos". Alianza Editorial. Madrid. 1994.

- Rykwert, Joseph. "La casa de Adán en el Paraíso". Ed. Gustavo Gili. Colección Arquitectura Crítica. Barcelona. 1975.

- Seguí de la Riva, Javier. "Escritos para una introducción al proyecto arquitectónico". Dep. Ideación Gráfica Arquitectónica, E.T.S.A.M., Madrid. 1996.

- Simon, Claude. "Historia". Editorial Seix Barral. 1985.

- Spengler, Oswald. "La decadencia de Occidente". Editorial Calpe. Madrid. 1966.

- Stein, Gertrude. "Ser americanos". Aral Editores. 1974.

- Tafuri, M. / Dal Co, F. / Ciucci, G. / Manieriella, M. "La ciudad americana". Editorial Gustavo Gili. Barcelona. 1975.

- Tafuri, Manfredo / Dal Co, Francesco. "Arquitectura contemporánea". Editorial Aguilar/Asuri. Madrid. 1980.

- Tafuri, Manfredo. "Teorías e historia de la arquitectura". Celeste Ediciones.. Madrid. 1997.

- Tusquets Blanca, Oscar. "Más que discutible. Observaciones dispersas sobre el arte como disciplina útil". Tusquets Editores. Barcelona. 1994.

- Tusquets Blanca, Oscar. "Todo es comparable". Anagrama. Barcelona. 1998.

- Van Doesburg, Theo. "Principios del nuevo arte plástico y otros escritos". Dirección General de Arquitectura y Vivienda del M.O.P.U. Consejería de Cultura y Educación de la C.A. de Murcia. Valencia. 1985.

- Verdú, Vicente. "El planeta americano". Editorial Anagrama. Barcelona. 1996.

- Vinci, Leonardo. "Cuaderno de notas". Ediciones Busma S.A. Madrid. 1984.

- Von Moos, Stanislaus "Le Corbusier". Editorial Lumen. Barcelona. 1977.

- Willmer, Albrecht. "Sobre la dialéctica de modernidad y postmodernidad. la crítica de la razón después de Adorno". Visor Distribuciones. Madrid. 1993.

- Wolfe, Tom. "La palabra pintada. El arte moderno alcanza su punto de fuga". Editorial Anagrama. Barcelona. 1976.

- Wölfflin, Heinrich. "Conceptos fundamentales de la historia del arte". Editorial Espasa Calpe. Madrid. 1997.

- Wölfflin, Heinrich. "Reflexiones sobre la historia del arte". Ediciones Península Barcelona.1988.

- Wright, F. Ll. "Testamento". Compañía General Fabril Editora. Buenos Aires. 1961.

- Wright, F.Ll. "El futuro de la arquitectura". Editorial Poseidón. Barcelona. 1979.

- Zambrano, María. "El hombre y lo divino". Fondo de Cultura Económica. Madrid. 1993.

4. Bibliografía sobre paisaje / espacio público

- A.A.V.V. "Barragán. Obra Completa". Edit. Tanais Ediciones. 1995.

- A.A.V.V. "New architecture squares". Volumen 6. Ed. Atrium Barcelona.

- A.A.V.V. "Urban architecture". European Masters / 3. Ed. Atrium.

- Asensio Cerver, Francisco. "Business and corporation parks. Roof gardens". Col. "World of environmental design". Arco Editorial. Barcelona. 1994.

- Asensio Cerver, Francisco. "Civil engineering (Nature conservation and land reclamation)". Col. "World of environmental design". Arco Editorial. Barcelona. 1995.

- Asensio Cerver, Francisco. "Landscape Architecture. Urban space details. Plans of architecture". Arco Editorial. Barcelona. 1998.

- Asensio Cerver, Francisco. "Landscape of recreation 1 (sports facilities)". Col. "World of environmental design". Arco Editorial. 1995.

- Asensio Cerver, Francisco. "Urban spaces 1 (streets and squares)". Col. "World of environmental design". Arco Editorial. 1994.

- Asensio Cerver, Francisco. "Urban spaces III (peripheral parks)". Col. "World of environmental design". Arco Editorial. 1994.

- Barril, Joan / Catalá-Roca, Francesc, "Barcelona. La conquista del espacio". Ediciones Polígrafa. Barcelona. 1992.

- Bellini, Mario. Mendini, Alessandro. Sorkin, Michael. Sottsass, Ettore. "Emilio Ambasz. The poetics of the pragmatic". Rizzoli. N.Y. 1988.

- Broadbent, Geoffrey. "Emerging concepts in urban design". Ed. Van Nostrand Reinhold. U.S.A. 1990.

- Chueca Goitia Fernando. "Breve historia del urbanismo". Alianza Editorial. Madrid. Madrid.1968.

- Cianchi, Marco. "Leonardo's machines". Becocci Editori. Milán. 1984.

- Cortessi, Isotta. "Il parco pubblico". Paesaggi 1985-2000". Federico Motta Edit. Milán. 2000.

- De Cáceres, Rafael / Ferrer, Montserrat. "Barcelona. Espai públic". Ajuntament De Barcelona. Barcelona. 1993.

- Dexler, Arthur. "Transformaciones en la arquitectura moderna". Ed. Gustavo Gili. Barcelona 1981.

- Enge / Schröer. "L'architecture des jardins en Europe". Editorial Benedikt Taschen. 1990.

- Favole, Paolo. "La plaza en la arquitectura contemporánea". Editorial Gustavo Gili. Barcelona. 1995.

- Ferris, Hugh. "La métropole du future". Introducción de A. Guiheux. Princeton Architectural Press. Essai. 1986.

- Gabancho, Patricia / Freixa, Ferrán. "La conquesta del verd. Els parcs y els jardins de Barcelona". Ajuntament De Barcelona. Barcelona. 1995.

- García Fernández, José Luis / Saladina Iglesias, Lena. "La plaza de la ciudad". Ed. Hermann Blume. Barcelona. 1986.

- Hitchcock, Henry-Russell: "Frank Lloyd Wright. Obras: 1887-1941". Editorial Gustavo Gili. Barcelona. 1978. Título Original: "In the nature of materials. 1887-1941: the buildings Of Frank Lloyd Wright". Ed. Haw Thorn Books, Inc. N. Y.

- Jellicoe, Geoffrey y Susan. "El paisaje del hombre. La conformación del entorno desde la prehistoria hasta nuestros días". Ed. Gustavo Gili. Barcelona, 1995.

- Jellicoe, Geoffrey y Susan / Goode. Patrick / Lancaster, Michael. "Gardens". Oxford University Press. New York. 1986.

- Jencks, Charles, "The new moderns". Academy Editions. London. 1990.

- Kaufmann, Emil. "De Ledoux a Le Corbusier. Origen y desarrollo de la arquitectura autónoma". Editorial Gustavo Gili. Barcelona. 1982.

- Köning, Giovanni Claus / Anselmi, Angelo. "Las formas de la industria". Gruppo Editoriale Fabbri. Milano. 1987.

- Lyall, Sutherland. "Landscape. Diseño del espacio público". Ed. Gustavo Gili. Barcelona. 1991.

- Lodewijk Baljon. "Designing parks. An examination of contemporary approaches to design in landscape architecture". Architecture & Natura Press. Amsterdam. 1992.

- Lorzing, Han. "The nature of landscape". 010 Publishers. Rotterdam. 2001.

- Martín, Ronald. "Arquitectura griega". Ed. Aguilar/Asuri. Madrid. 1980.

- Milton, John. "El Paraíso perdido". Ilustraciones de Gustavo Doré. Editorial A. L. Mateos. Madrid. 1992.

- Moix, Llátzer. "La ciudad de los arquitectos". Editorial Anagrama. Barcelona.1994.

- Mosser, Monique. Teyssot, Georges. "L'architettura dei giardini d'occidente". Electa. Milano. 1990.

- Neumann, Dietrich. "Film architecture: set designs from Metropolis to Blade Runner". Ed. Prestel. New York.1 999.

- Nitschke, Günter. "Japanese gardens". Ed. Taschen. 1991.

- Páez de la Cadena, Francisco. "Historia de los estilos en jardinería". Editorial Istmo. Madrid. 1998.

- Pena, Carmen "Encuentros en Madrid. Simposio internacional de escultura al aire libre".Ed. Ayuntamiento de Madrid. Concejalía de Cultura. Concejalía de Viviendas, Obras e Infraestructuras. 1992.

- Pétuaud - Létang, Michel. "Sevilla 2.012. de La historia. Un futuro". Celeste Ediciones.

- Restany, Pierre Zevi, Bruno, "S.I.T.E. La arquitectura como arte". Editorial Gustavo Gili. Barcelona. 1982

- Ronald, Martín. "Arquitectura griega". Editorial Aguilar/Asuri. Madrid. 1980.

- Rubió y Tudurí, Nicolás Mª. "Del Paraíso al jardín latino". Tusquets Editores. Col. "Los Sentidos". Barcelona. 1953.

- Solá-Morales, I. "Contemporary Spanish architecture. An eclectic panorama". Edit. Rizzoli. New York. 1986.

- Stern, Robert A.M. "Pride of place". Houghton Mifflin Company, Boston. American Heritage. New York. 1986.

- Tiberghien, Gilles A. "Land Art". Editions Carré, Paris, 1995.

- Torres, Ana María. "Isamu Noguchi. Un estudio espacial". IVAM Institut Valencia d´Art Modern. Valencia. 2001.

- Vázquez Consuegra, Guillermo. "Guía de arquitectura de Sevilla". Ed. Colegio arquitectos de Sevilla y Dirección General de Arquitectura de la Junta de Andalucía. 1985.

- Web, Michael. "The city square".Thames and Hudson Ltd. London. 1990.

- Weston, Richard. "Utzon". Edition Bondan. Hellerup. Denmark. 2002.

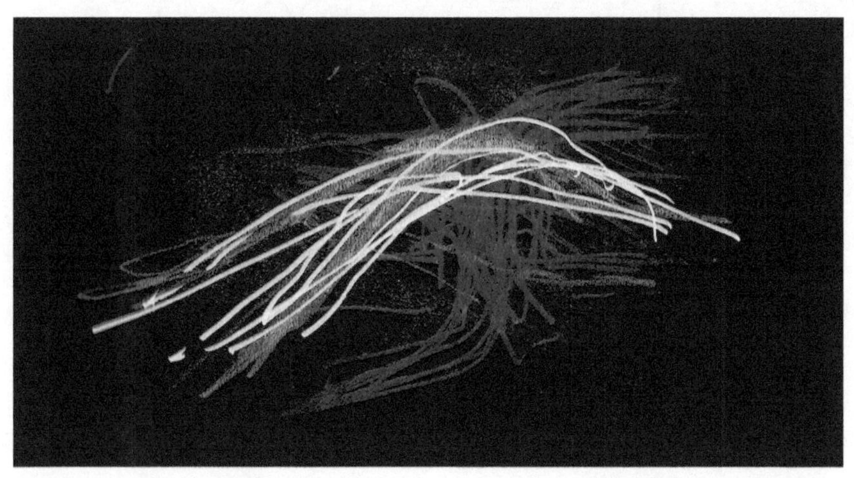

3.

MEMORIA CONCEPTUAL DE INTENCIONES. HACIA UNOS NUEVOS SISTEMAS DE PENSAMIENTO Y DOCENTES ACTIVOS AVANZADOS

PLAN DE ACCIÓN PARA EL DESARROLLO ESTRATÉGICO DE UNA SISTEMA DOCENTE DE PROYECTOS ARQUITECTÓNICOS EN EL INICIO DE UN NUEVO SIGLO

...TRANSVERSAL

...GLO-CAL (LOCAL-NACIONAL-INTERNACIONAL.)

...HIBRIDADO

...MOVILIDAD

...UN NUEVO CONCEPTO AVANZADO

...UN SISTEMA DOCENTE DEL SIGLO XXI

...NUEVOS PROGRAMAS TRANSVERSALES Y CONTAMINADOS

...UNA NUEVA MIRADA HACIA EL DEVENIR DE LA DOCENCIA EN EL INICIO DEL SIGLO XXI

...NUEVAS ACCIONES

¿QUÉ QUIERE SER UNA SISTEMA DOCENTE DE PROYECTOS ARQUITECTÓNICOS Y DE ARQUITECTURA EN EL INICIO DEL NUEVO SIGLO?

LÍNEAS ARGUMENTALES PARA UNA NUEVA METODOLOGÍA DE UN METASISTEMA DOCENTE EN LA ENSEÑANZA DEL PROYECTO ARQUITECTÓNICO (ESTRUCTURA NO LINEAL DE PLANTEAMIENTO)

NOTA ACLARATORIA: el concepto y el desarrollo están incluidos en la presente Memoria Conceptual de Intenciones, si bien, dentro del concepto del planteamiento, de una manera no lineal, sino superpuesta.

1.
Objetivos para un nuevo metasistema docente activo avanzado

Cualquier nueva etapa necesita nuevas palabras: palabras vinculadas a conceptos. Nace un renovado SISTEMA DOCENTE: en una continuidad que parece – que quiere ser desde esta nueva visión– inevitable con el concepto precedente de enseñanza de Proyectos Arquitectónicos y que debe, en paralelo, establecer conexiones con el nuevo modelo de enseñanza derivado de las nuevas directrices de Bolonia (recordemos, nacidas y pensadas para siglo XXI). Consideraremos, por tanto, que la memoria de los modelos anteriores ha estar en el devenir del desarrollo de los nuevos sistemas de enseñanza que denominaremos, desde aquí, Metasistemas de Enseñanza Avanzados.

Entonces surge la pregunta con la que nace cualquier nuevo proyecto de vida (Ortega decía, en su escrito dirigido a los jóvenes, que tenían que tener un proyecto de vida, un necesario proyecto vital, en el que apoyarse en el devenir de su existencia). Por tanto, para un nuevo Proyecto, las primeras cuestiones son: ¿qué quiere ser un nuevo sistema docente en el siglo XXI? ¿Qué es y qué debe ser un sistema docente en las Escuelas de Arquitectura en la Era de la Globalización y en la Era de la Comunicación en las que, inevitablemente, estamos inmersos?. ¿Qué más puede ofrecer a la futura formación de los futuros arquitectos, y a la sociedad en general? ¿Por qué, en definitiva, un nuevo concepto de sistema docente ahora?

Como repetiremos, intentaremos dar respuestas a estas apasionantes cuestiones. Unas respuestas intermezcladas con argumentaciones, en un discurso de continuidad, en capas, pero a su vez paralelamente conectadas entre sí.

La ópera de hoy es el Boeing 747 (Virilio).

La docencia del proyecto arquitectónico hoy es la Estación Espacial Internacional.

Surge este Planteamiento, sin obviar todas las visiones canónicas sobre lo que se ha entendido –hasta ahora– por una docencia de

Proyectos Arquitectónicos o, en otros términos, sobre lo que se
ha entendido por un instrumento exclusivamente de enseñanza del
mundo apasionante de la Arquitectura que nos envuelve: quiere surgir como el magma cambiante y fluctuante que impone a esta nueva
Arquitectura – y a su enseñanza– unos nuevos devenires.

Así, proponemos otra forma de acercamiento a la formación de los
alumnos dentro un planteamiento propio del inicio del siglo XXI, más
avanzado, transversal, local y simultáneamente global, conectado
con la realidad mutable del mundo denominado profesional, hibridado y capaz de adaptarse a los cambios vertiginosos que surgen en la
presente era de la Sobremodernidad (Augé).

Es, en paralelo, la propuesta de transmisión a los media de la nueva
imagen unida al nuevo concepto de sistema docente: seguirá generando docencia y pensamiento, seguirá formando profesionales,
quiere seguir –y seguirá sin duda– siendo un referente en la formación avanzada (además de continuada) de los alumnos

Pero un nuevo sistema docente necesita un cambio de dimensión: es
un nuevo instrumento académico-formativo con una gran capacidad
–un arma generativa– adaptado a los nuevos planes de Bolonia, que
permitirá el desarrollo de una docencia adaptada a los nuevos modelos de sociedad global...

Este cambio de dimensión implica ir más allá de la propias funciones
docentes: de ahí el nuevo concepto que proponemos de sistema docente
Activo o, en otras palabras, propondríamos una Metasistema docente
(del griego al otro lado, más allá): un sistema docente en acción, en
movimiento, generativa, múltiple, transversal, hibridada con otros.

Un Metasistema docente capaz de generar un sistema de proyección
de la docencia en nuestra Escuela, pero a la vez, tiene la intención de
posicionarse como un nuevo atractor de la enseñanza de la Arquitectura Internacionalizada: de nuevo, como expresión de una enseñanza *glo-cal*.

Para ello es necesario producir, insistimos, un cambio de dimensión
que sea capaz de generar nuevos acontecimientos de ámbito local y
nacional, pero sobre todo, internacional.

La nueva metodología docente avanzada quiere representar una
NUEVA Imagen de una docencia proyectada hacia el siglo XXI: quiere ser la Proyección hacia el mundo exterior (local y global) de todos
nosotros, como profesores y como Escuela que apuesta por la inno-
vación en el pensamiento y en la docencia.

2.

Un nuevo sistema docente, para que sea eficaz en un futuro, necesita evolucionar respecto de las estructuras ya definitivamente
caducas y obsoletas –derivadas a su vez– de la estructura jerarqui-
zada/fragmentada propia de la docencia del proyecto en las últimas
décadas – nos referimos a la enseñanza ensimismada y casi autista
de mediados/finales del siglo XX y que ya sólo es capaz de generar desde una visión limitativa de la arquitectura desde la propia
arquitectura, como luego insistiremos– y que parece que no puede
responder ya, manera eficaz y ágil, a los nuevos planteamientos
demandados por la seductoramente vertiginosa y envolvente Sociedad Postindustrial (Bell) en la que ya habitamos y en la que nos desplazamos de manera constante, en la que todo muta y se transforma
de manera imperceptible (Deleuze).

La nueva docencia reclama una estructura en MOVIMIENTO, con
varias SEDES EN CAPAS SUPERPUESTAS: proponemos sedes en
otros ámbitos y espacios a través del desarrollo de convenios con
instituciones, con universidades (no sólo de arquitectura), y sedes
virtuales: proponemos un nuevo no-lugar docente virtual. En otros
términos, una SISTEMA DOCENTE Real/Virtual. A través de al
copresencia en la red en web en constante mutación, interactiva, desplazable, mutable y capaz de readaptarse a los cambios vertiginosos
que de manera inevitable, se producirán en la docencia del proyecto
de Arquitectura... y en la propia Arquitectura. Proponemos el desarrollo de una multiplicidad de convenios en los más diversos ámbitos.

Intentaremos dar respuesta a estas preguntas a lo largo del presente texto-devenir (en el sentido de Deleuze) estructurado en capas

superpuestas, en veladuras, que dejarán ir descubriendo el sentido último de estas líneas.

Por tanto, parece que necesitaríamos un nuevo nombre, una nueva imagen de marca (Manzini se refiere a la era actual como la Era de la Marca) que sea capaz de activar el nuevo concepto que queremos proponer como un renovado concepto, una nueva mirada hacia la transmisión del conocimiento, la docencia, la formación, la cultura del proyecto de arquitectura en general.

En estas líneas vamos a trazar un recorrido de emociones, de estratos basilares conceptuales, de referencias, de objetivos, de una multiplicidad de capas hojaldradas, cuya intención última es que sean capaces de transformar radicalmente el concepto que sustenta actualmente la docencia reglada: creemos que, efectivamente, la enseñanza del proyecto arquitectónico, urbano y urbanístico actuales ha realizado –hasta ahora– su función de una manera altamente eficaz, complementando la formación de los arquitectos. Pero cuya estructura ya definitivamente limitativa para la hipercomplejidad contemporánea, parece que ha quedado anclada en el siglo XX. Por tanto, proponemos complementerla.

Necesita una nueva estructura que, inevitablemente, ha de evolucionar.

3.

Con este texto queremos presentar la nueva SISTEMA DOCENTE como un PROYECTO con palabras, un apasionante proyecto escrito capaz de generar, a su vez, una multiplicidad de nuevos proyectos.

Pero la docencia del proyecto arquitectónico, urbano y urbanístico –y, en general, la enseñanza de la arquitectura– actualmente necesita –está necesitado vitalmente como los personajes del Guernica, como los replicantes de Blade Runner o como un fascinante Alien que quiere mutar su piel– adaptar su estructura y su gestión a los nuevos tiempos. El margen necesariamente limitativo de este texto nos impone, a su vez, una limitación en el desarrollo de los conceptos pero, nunca, en la clarificación de los mismos. Posponemos de manera consciente a otros estratos de este texto un mayor detalle en las pormenorizaciones.

Pero en paralelo intentaremos transmitir, desde aquí, esta NUEVA SENSIBILIDAD que proponemos para este nuevo SISTEMA DOCENTE Activa. Intentaremos proyectar una nueva emoción que puede suponer la fascinante aventura de abordar un nuevo cambio, con el objetivo último de situar a la nueva docencia avanzada entre los referentes, tanto nacionales como internacionales, del nuevo pensamiento, la nueva producción, la transmisión, la formación, la proyección de la Arquitectura.

Con este SISTEMA DOCENTE proponemos una nueva ESTRUCTURA: la docencia adquiere una mayor contaminación. Proponemos frente a los compartimentos estancos (es decir, como está estructurada la organización de la docencia tradicional) una mayor conexión: en otras palabras, pensamos que la SISTEMA DOCENTE ha de responder, en definitiva, a la organización transversal de gestión, pensamiento, conocimiento y docencia que se está imponiendo en las oficinas de arquitectura, en las escuelas de arquitectura, en las organizaciones más avanzadas... o en la vida en general.

Proponemos una nueva estructura organizativa transversal y simultáneamente, jerárquica. Es decir, situada dentro del funcionamiento de las organizaciones más en vanguardia: una estructura transversal de Pensamiento y de generación y producción, una estructura jerarquizada-transversal de funcionamiento.

No conclusiones...

Uno de los objetivos principales es, por tanto, la estructuración y la formación del alumno a través de la formación del pensamiento arquitectónico: enseñar a pensar desde fuera la Arquitectura como referente vital, tanto desde el ámbito docente como el formacional, en torno al cual se organice una jerarquización de intereses comunes (aportados por las demás disciplinas) conducentes a esa finalidad.

Desde esta angulación, la enseñanza ha de abarcar más allá de la propia mirada desde dentro de la disciplina de la Arquitectura. En este se sentido, la conjunción de intereses entendidos desde la exterioridad a lo que tradicionalmente se entiende por Arquitectura, o mundo proyectivo-docente, deviene fundamentalmente una urdimbre configurada desde el entendimiento –tal y como se significa en otros sitios de este escrito– de la situación cultural de las vanguardias como referente básico. Por ejemplo, las vanguardias TECNO-LÓGICAS (desde las líneas de pensamiento contemporáneo) y el mundo de la generación y de la imaginación,

Si partimos de esta base, el profesorado ha de ser capaz de hacer conjuntar el mundo heurístico y de la creatividad, con el tecnológico, con el otro ámbito de la obtención de un alto grado de madurez arquitectónica y de pensamiento.

Hablamos, por tanto, del entendimiento de una disciplina desde la multiplicidad, donde la configuración del pensamiento se enlaza de manera directa con el resto de actividades previstas.

Por último, se considera fundamental el planteamiento de este SIS-TEMA DOCENTE entendido desde la producción y el pensamiento, en los que la docencia –vinculada al desarrollo de la profesión de la arquitectura– ha de entenderse como capaz de absorber las múltiples acciones originadas desde la multiplicidad de los permanentemente cambiantes entornos contextuales y sociales.

4.

SUPERURBANISMO, SUPERCIUDADES, APOPTOSIS MEGAURBANAS: REFLEXIONES PROPOSITIVAS SOBRE *LOS SISTEMAS URBANOS PROYECTIVOS ABIERTOS*

*... intentamos llegar al punto en el que ya no veneramos nada,
en el que a nada tratamos como a una cuasidivinidad, en el que
tratamos todo —nuestro lenguaje, nuestra comunidad— como
producto del tiempo y del azar.*

RICHARD RORTY, *Contingencia, ironía y solidaridad*

... HIPERTRANSFORMACIÓN

El presente texto se desarrolla tomando como base los paradigmas más evocadores y fluctuantes del final del siglo **XX** (y, ahora, del inicio del siglo **XXI**). Enfocados a la generación del aprendizaje de los nuevos sistemas de proyección de las superciudades de hoy.

Unos paradigmas permanentemente cambiantes, adaptables, hipertransformables (como sería el rostro de los *ciborgs* con el paso del tiempo): son las nuevas *megaciudades* de hoy, que se expanden por el planeta de manera constante, como manchas de tinta de escala planetaria. Un rostro que, sin embargo, necesita someterse de manera constante a gigantescas y desmesuradas cirugías para ser reconstituido, actualizado, prolongado, incluso transplantado. Un rostro fascinantemente mutable, siempre igual y siempre diferente, como el paso insistente de las estaciones. Un rostro conformado, a su vez, por la inmanente multipresencia de las últimas tendencias e innovaciones, siempre al borde de un bello, inquietante y fascinante paroxismo.

Los postulados del desfallecido *urbanismo del siglo XX* no contienen ya las herramientas para poder proyectar las metaciudades de hoy y los espacios que las conforman.

Metaciudades de hoy que simultanean la multiplicidad de capas icónicas e informativas, donde la visión no puede descansar ni un instante, donde los sentidos implosionan, Superciudades en las que los ciudadanos derivan, poco a poco, sutilmente, hacia una evanescencia de desplazamientos, de movilidades, de copresencias. Los ciudadanos, aparecen y desaparecen. Y para ellos, esta situación

fluidificada, implica un atrayente abismo, por el que inevitablemente
se dejarán caer dulcemente, porque ya saben que, muy posiblemente, se volverán evanescentes y etéreos, igual que las capas hojaldradas de millones de mensajes informativos que les envuelven y que
conforman el nuevo *superespacio* de estas urbes. Estos *nuevos ciudadanos* conocen que, por primera vez en la historia de la humanidad, el
metaciudadano colectivo de escala planetaria en que se han transformado, es consciente de los cambios vertiginosos de la sociedad en
la que está insertado. *Es* una pieza del mecanismo líquido, pero una
pieza poética que entiende su posición y cómo lo hace funcionar.
Conoce el mecanismo. De la misma manera que ocurre con las metaciudades de hoy: compuestas por mecanismos líquidos y fluidifica-
dos, *entienden* los cambios a los que las somete, a su vez, el *habitante
colectivo* y, así, son capaces de mutar a gran velocidad.

En estas metaciudades, con fluctuaciones de 10 a 30 millones habitantes, y conformadas por una simultaneidad de acontecimientos
y de sucesivas apariciones y desapariciones (Virilio), el habitante
muta en espectador y, desde su alienada y a la vez, optimista presencia, observa, con su *transversalizada* mirada, el fascinante futuro que
se hace copresente de manera continua, sin descanso. Como si se
tratara de un dulce maratón cuya duración fuera casi infinita.

En ellas ocurre, en su intensamente dulce devenir, lo expresado por
Deleuze: no hay nada más turbador que los movimientos incesantes
de lo que parece inmóvil.

Ciudades aparentemente inmóviles, que generan una multiplicidad
espacial, generadas, en paralelo, desde una superproducción desmesurada: son el paradigma del gran espejo de producción del siglo
XXI (Baudrillard). Ciudades que auto-observan, fascinadas, en sí
mismas, sus procesos de transformación acelerada.

En ellas se produce otra copresencia: la del espectáculo, en su sentido más puro (Debord). Copresencia de un paisaje multiplicado de
acontecimientos (Virilio), que cambia casi minuto a minuto. Ya no se
producen en ellas lugares, porque ya no existen, ni siquiera, razones
para que sean recordados, cuando ya, inevitablemente, desaparecen,

al ser absorbidos por la urgente necesidad de renovación de la ya agotada *estética* urbana de finales del siglo XX, en lo que se ha entendido, hasta hoy, por *espacio público*. Sólo va quedando, por fin, la presencia poéticamente simultánea del lugar ontológico que acompaña al ser humano en sus continuos desplazamientos planetarios.

Los espectaculares conceptos de desarraigo, de nomadismo, de desvinculación radical con el *lugar*, son producidos actualmente en la sociedad utilitarista a gran velocidad. Como veloces cuchillos que, de manera inevitable y debido a la pérdida de raíces y a la gran velocidad de cambio, produce el no sentirse identificado con los *lugares* en el ultraprotegido sueño de la ultramoderna identidad colectiva.

La ensimismada conexión dulcemente difusa de los individuos con la ciudad es, por tanto, fundamentalmente psicológica, y está cosida, a su vez, en la untuosa urdimbre articulada por los nuevos medios, por la velocidad y por el constante movimiento. Es capaz de generar idénticas relaciones simultáneas de anonimato y de aturdida ubicuidad, tanto en el conmocionado casco antiguo de las *ciudades temáticas históricas*, como en la evocadoramente occisa ciudad del ocio de Las Vegas.

Actualmente se genera un nuevo modo de establecimiento de interrelaciones banalizadas entre los habitantes y los vacíos y los intersticios ausentes de significación de las ciudades, a través de la hibridación en la infinitud de entramados de los medios de comunicación.

... *SUPERLUGARES, SUPERCIUDADES Y CIUDADES-CYBORG*

Los lugares físicos, así, van sustituyéndose poco a poco –con una aceleración exponencial– por los nuevos *espacios inter-media*, conformados por los mares superpuestos de los nuevos *media interpuestos* generados en las metaciudades planetarias de hoy: son los *superlugares*.

Las ciudades *superlugarizadas* de hoy, surgen como *ciudades-cyborg*. Aparecen y desaparecen. Se funden con sus habitantes, y se despegan de ellos. Crecen y menguan. Fascinan y repelen. Encogen y dilatan. Avanzan y retroceden. Aceleran y desaceleran. Son transformables y readaptables. Hibridan seres humanos y mecanismos avanzados superpuestos de los nuevos *media*. Como ocurre en los sistemas bacterianos, las superciudades de la sobremodernidad de hoy, son capaces de permanecer inactivas y sin ningún movimiento durante un tiempo casi infinito para, repentinamente, volver a ponerse en marcha en un movimiento frenético, como si el tiempo no hubiera transcurrido. Ciudades que se generan en los bordes y producen, a su vez, una multitud de ellos. Ciudades-límite, ciudades frontera, *border-cities*, que se extienden ocupando el gigantesco *no man's land* que genera alrededor de ellas sus nuevas infraestructuras y autopistas.

La *metaciudad-cyborg* del siglo XXI crece para alimentar sus superinfraestructuras y se alimenta y se desarrolla desde ellas: redes de autopistas, redes de trenes de alta velocidad, redes de sistemas aeroportuarios, redes informacionales. Todos sus *superespacios* parecen repetirse y todo parece suceder, de manera comprimida, en la simultaneidad de acontecimientos de hoy que reclaman nuevos sistemas de *proyectación* que permitan predecir las nuevas clonaciones multiplicadas, que reclaman ser abordadas por un nuevo *urbanismo supermoderno*.

Se entienden a través de los *superlugares*: son los nuevos espacios "inter-media". Definen un nuevo concepto de espacio interrelacional. Son los configuradores de las nuevas metaciudades de hoy y de sus anónimas arquitecturas, y son los únicos capaces de modelar sus nuevos rostros de *ciudades-cyborg*, que han de cambiar para adaptarse a gran velocidad a los paradigmas de la era actual de la Sobremodernidad: compresión del espacio, compresión del tiempo, potenciación del yo.

Representan las transformaciones aceleradas desde el *espacio público* al *espacio metarelacional contemporáneo*.

Los superlugares fijan su atención en los vacíos ausentes de significación de las ciudades contemporáneas, y en su consideración de ser *espacios* –ya que son los espacios comprendidos entre los edificios–, aspecto ignorado por el Movimiento Moderno. No ha habido una preocupación –hasta hoy– hacia lo residual como espacio urbano de estos ingentes espacios vacíos de nuestras metaciudades de hoy, generadoras de devenires y límites mutables. El concepto de superlugarización necesita estar enfocado desde la mirada de otras disciplinas transversales además de la propia arquitectura: la filosofía, la sociología, la antropología, o las manifestaciones artísticas en general, dentro de la contextualización de la inestabilidad de la situación actual, que surge como resultado de los fuertes procesos de transformación de las estructuras económicas, sociales y culturales (Jarauta). Desde una sensibilidad metafórica e interiorizada, desde fuera de la propia arquitectura. Surge el superlugar como una nueva forma –una reflexión crítica– de entender estos ámbitos residuales de las *ciudades cyborg* de hoy, y los fenómenos hibridados con ellas. Asimismo, el *superlugar* se presenta como la evolución última que se está produciendo en el concepto de *lugar*, de manera que se está originando, a su vez, la desaparición del *lugar arquitectónico*, no así la del *lugar ontológico*, consustancial al ser humano. Pero así también surge una nueva manera de apreciar los espacios residuales generados en las ciudades actuales, dotándoles de un fuerte significado interiorizado no evidenciado hasta ahora, tomando como base palabras unidas a conceptos, situándose en los devenires de Deleuze. Los espacios *superlugarizados* devienen una superposición fluctuante conformadas por no lugares de no lugares; son los nuevos metaespacios producidos por la Sobremodernidad, que pueden abarcar desde pequeñas escalas hasta otras de orden territorial o, incluso, planetaria, y que, al ser atravesados por los flujos de la información, adquieren una nueva mirada contaminada por ellos, deviniendo espacios metarrelacionales, donde la conciencia de ciudadano no se produce ya a través de lo físico como medio compartido, sino a través los medios interpuestos. El superlugar surge, en última instancia, como una Máquina poética y metafórica interiorizada, subjetivada, no lineal y viva para conectar, espacial y temporalmente, arquitecturas e interpretar la Arquitectura y las metaciudades de hoy. Una nueva mirada hacia las ciudades del siglo XXI.

Como significábamos antes, los principios del desfallecido *urbanismo del siglo XX* no tienen capacidad para poder proyectar aquellas: deja de ser válido el concepto de *proyecto*, cerrado en sí mismo, sin grados de libertad, que pide ser sustituido por nuevos *sistemas proyectivos abiertos, que se generan desde el concepto de superlugarización.*

... *APOPTOSIS MEGAURBANA. MUERTE PROGRAMADA.* SUPERCIUDADES DEL AZAR

Tomamos un símil para entender el fenómeno del crecimiento ultra-rrápido de las nuevas megaurbes planetarias: el fenómeno celular de la *apoptosis*, o *muerte celular programada* (Bryson). Miles de millones de células de un ser humano mueren cada día y otros miles de millones de ellas eliminan sus desechos. Las células desmontan las estructuras que las sostienen y devoran los elementos que las componen. Pueden morir lentamente, al ser infectadas, pero fundamentalmente mueren porque reciben la orden de hacerlo. Si no se les transmite ningún tipo de instrucción activa desde otra célula, se *suicidan* de manera automática. A veces una célula no muere de la manera preprogramada, empieza a dividirse y comienza a reproducirse de manera descontrolada.

Ocurre que las células generan este error con regularidad, pero el cuerpo ha desarrollado mecanismos para reconducirlo. Sólo en muy escasas ocasiones se descontrola el proceso: se padece un tumor maligno por cada 100.000 billones de divisiones celulares.

Las metaciudades de hoy, en un proceso de *apoptosis megaurbana*, son, análogamente capaces de elaborar mecanismos para poder controlar sus cada vez más recurrentes *procesos no programados*, y en muy raras ocasiones, de análoga manera a como ocurre en la apoptosis celular, descontrolan el proceso. Son capaces de reconfi-gurarse y de corregir de manera fluidificada los errores. Se *suicidan* parcialmente, eliminando los residuos intersticiales que ya no les son útiles (como los centros históricos reconvertidos, ya, en par-ques temáticos), para poder seguir adaptándose a las nuevas fun-ciones. Igual que ocurre en la apoptosis celular, en la que de manera sorprendente este sistema azaroso funciona durante décadas, las metaciudades del siglo XXI siguen funcionando sorprendentemente bien, readaptándose de manera continuada a las hipercomplejas condiciones cambiantes de a sobremodernidad (Augé). También, estas metaciudades planetarias funcionan, hoy, igual que el sistema celular, enviando y controlando flujos de mensajes. Los espacios de nuestras metaciudades se comunican entre sí a través de los flujos informativos, igual que las células se comunican directamente con sus vecinas. Pero lo más sorprendente es que este sistema celular se rige por el *funcionamiento* del azar. Este proceso lo hacen exclusivamente las ciudades *solas*, sin nuestra presencia y cada vez más fuera de nuestro control, a través de lo que podemos denominar *mecanismos de autocorrección azarosa*.

Por tanto, podemos decir que es un proceso que no se puede controlar *a priori*, ni ser proyectado ni estar cerrado y concluso en sí mismo, ya que las variables que generan la actividad de una ciudad son cada vez más complejas, por lo que parece que deberíamos generar nuevos *sistemas proyectivos* que permitieran predecir con la mayor aproximación posible cómo va a funcionar, por si misma, una megaciudad. Así, podemos asumir –frente a la idea del urbanismo decimonónico del XIX y del XX– que las nuevas metaciudades se autorregulan y se autoconfiguran. Como ocurre en Lagos (Koolhass) en el fascinante documento media interactivo que explica el desarrollo de unas nuevas claves para el entendimiento de este nuevo fenómeno urbano que se está desarrollando, de manera sorprendentemente similar, como una mar de células-ciudad, en las distintas zonas del planeta.

Para poder aplicar este sistema proyectivo abierto, utilizamos el mecanismo de la *superlugarización*, que dota de sentido a los nuevos espacios generados en la metaciudades actuales, conforman el *rostro-cyborg* permanentemente mudable de los superlugares, configurando espacios residuales vacíos, conformados a su vez como atrayentes y seductoras acumulaciones por las que caminamos, por las que nos desplazamos en nuestra inconsciente cotidianidad, sabiendo que estamos poseídos por ellas y que son ya nuestros inevitables refugios: fragmentos del presente y del pasado, donde todos los límites se desvanecen, donde el lenguaje es acumulativo y en los que los pensamientos se despliegan de manera vertiginosa.

Estos nuevos *superespacios de la apoptosis* de estas nuevas megaciudades con nuevos y actualizados rostros, reclaman nuevas intervenciones generales de planteamiento a escala urbana (reactivación de la trama en su desconfiguración, nuevos bordes, nuevos usos y funciones, replanteamientos programáticos, conceptuales, corredores hiperverdes, nuevas áreas edificadas hibridadas, todo ello alimentado desde el crecimiento de sus infraestructuras.

... MACRO-MICRO

Surge, de esta manera, la reflexión en torno a un doble concepto genérico, basado, por una parte, en el concepto de la interrelación entre los ámbitos conectados con la *transición escalar*, desde una escala microescala (próxima a lo humano) a una escala macro (próxima a la planetarización y a los fenómenos relacionados con las transformaciones aceleradas del mundo contemporáneo). Por otra parte, nace un fenómeno característico de nuestras ciudades actuales de la época postindustrial (Bell): la asunción y puesta en valor del concepto de *Border* (Frontera). Ciudades donde lo residual actúa como un potente gel activador y aglutinante. Las megaciudades de hoy se entienden, así, dentro de su multiplicidad de significados, como *border-cities*. Unas ciudades límite, unas *border-cities* en las que su rostro está en constante transformación.

El límite fronterizo, lo inasible, es lo no presente físicamente, es lo no significado, es donde la ciudad se tensa y manifiesta una belleza oculta, una poesía paradójica, una flotación, una expectante inquietud, una mágica paralización de sucesivos instantes (Houllebecq). Es donde comienza y termina el límite del rostro de las ciudades. En su interrelación con constantes *in-puts*, se manifiesta en diversas situaciones y escalas: sociológicas, planetarias, urbanas. Estas paroxistas superciudades se presentan, así, conformadas por una seductora acumulación hojaldrada superpuesta de *Límites Poéticos*: son un paradigma de la hibridación sobremoderna del inicio de este siglo, que se manifiesta en todas las megaciudades de hoy.

La complejidad de la producción de la arquitectura en la ciudad sobremoderna densifica sus significados y, así, la desmaterializa: las numerosas tramas superpuestas de la información, de los flujos, de la publicidad, de los medios de comunicación, de los múltiples centros, de las periferias, originan que la ciudad no pueda entenderse ya exclusivamente como un hecho únicamente abarcable desde el medio físico interpuesto. Son los nuevos mapas de la arquitectura hibridada de la movilidad, liberados de toda indiferenciada densidad y de toda gravidez.

... *SUPERCIUDADES*

Las metaciudades de hoy se generan desde la cogeneración de *superlugares*.

Los superlugares devienen polimorfos, neutros, indeterminados, en los que se despliegan con inusitada libertad mensajes informativos. Polivalentes, sin emitir significados autónomos, sin evocar atmósferas concretas, despojados de cualquier carácter individual. Móviles, supertransformables, preparados para acoger la transitoriedad.

Los superlugares son productos de la no permanencia, ámbitos del devenir, donde la sociedad implosiona, donde se configura un nuevo lenguaje que se abre paso a través del lenguaje de la arquitectura del momento, donde se excava una mirada absolutamente personal a través del mundo impersonal, donde el pensamiento conduce a infinitos sitios, donde las ciudades dejan de ser simplemente escenarios – transmutándose diferentes en cada nuevo instante– donde se diluye la idea proteica, nihilista y desmesurada de anhelar construir un lugar.

¿Dónde empiezan los superlugares? ¿Dónde acaban? ¿Se pueden considerar en ellos la yuxtaposición como continuidad?

Los superlugares no remodelan situaciones, no reagrupan lugares preexistentes, evitan el nexo material, se oponen a los ángulos siempre mudables de los rostros de las ciudades como cegadores prismas de luz que giran incesantemente, produciendo infinitud de reflejos constantemente cambiantes.

Los superlugares extraen la pasión del proceso de conformación de los intersticios de las ciudades transmutados en movilidad, extractan del acontecimiento arquitectónico partes fulgurantes e inacabables de la masa de los uniformes rostros de la arquitectura hoy.

La metasociedad actual, envuelta en el líquido magma seductoramente envolvente de la información, reproduce los estereotipos espaciales y de los movimientos de manera mutable, adaptándose a nuevas re-configuraciones del rostro mutable de sus *megaciudades cyborg*. Posiblemente necesarias. Posiblemente fugaces.

Pero necesariamente radicalizadas y ya necesarias en la actual ultramoderna identidad del *metahabitante colectivo*...

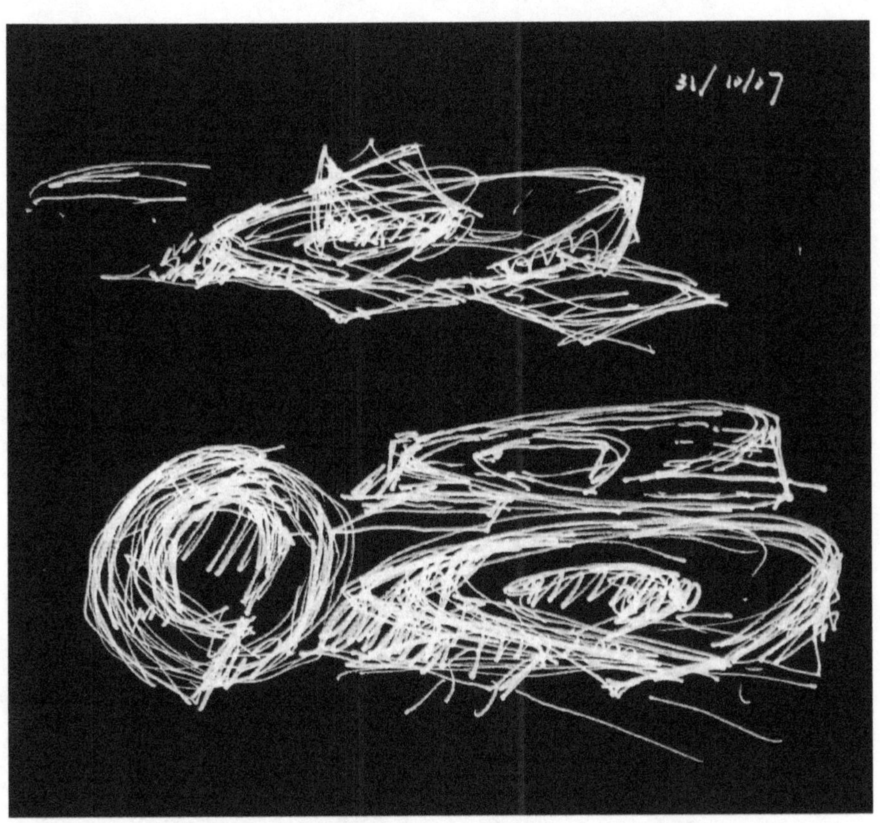

31/ 10/07

5.

MICROMANIFIESTO.
UNA NUEVA ARQUITECTURA
PARA UN NUEVO MILENIO:
ARQUITECTURA-VELOCIDAD-
ACCIÓN-INTERIORIDAD

Creo, desde un optimismo generacional declarado y convencido, que la Arquitectura vivirá, en un breve espacio de tiempo, una de las mejores etapas de su historia. Los síntomas así lo vislumbran. La producción y el pensamiento como arquitecto hoy (y sentando las bases para el futuro), están influenciados, cada vez con mayor intensidad, por los seductores mares y flujos de la multiplicidad de avances tecnológicos, mediáticos e informativos que atraviesan –como si fueran sueños surgidos de lo más profundo de nuestro interior– nuestros actos de creatividad, nuestros proyectos, nuestras obras. Nuestra docencia.

Cuando hablo de *nuestra* producción como arquitectos, no pretendo alejarme radicalmente de la singularidad y de la personalización de la autoría única, algo casi inamovible hasta hoy. Hablo de nuestra producción conjunta, en paralelo, como equipo multidisciplinar. Que desarrolla proyectos y construye desde una pequeña escala de diseño a una escala de paisaje y de territorio. Desde la complejidad y la multiplicidad de una serie de visiones transversales. Desde el trabajo conjunto con filósofos, antropólogos, sociólogos, periodistas, biólogos, escultores, pintores, físicos, geógrafos, cineastas, economistas, ingenieros, paisajistas, técnicos medioambientales, el mundo del cómic, la robótica, la nanotecnología, la ciencia ficción o la literatura. Las claves de la riqueza de la Arquitectura en el futuro se encontrarán, de manera inevitable, estamos convencidos, fuera de ella misma. Ése será su potencial. En otras palabras, proponemos radicalmente mirar y producir Arquitectura desde dentro y desde fuera de la propia Arquitectura. Pero, a su vez, desde el mundo interiorizado de cada uno. Si uno está a favor de los tiempos será creativo y productivo. Seamos productivos para ser reflexivos. Proponemos una arquitectura y una docencia vital, de acción, emoción, pasión, poética, reflexión. Pero también técnica y sólida.

Queremos construir sueños.

Proponemos seguir construyendo utopías.

Los tiempos hoy reclaman más emoción y menos información.

La arquitectura ya no es sólo un arte. Está conformada por una complejidad de acciones, y desde estas acciones creativas, surgen las posteriores reflexiones. Pero también es poética. La arquitectura, tal y como se ha entendido durante casi más de dos mil años, está, inevitablemente, mutando. Casi se podría decir que desapareciendo desde esta milenaria visión. La Arquitectura hoy está cambiando a una gran velocidad. Los conceptos de velocidad, espectáculo, globalización, anonimato, límites, movilidad, definen los parámetros de la actual sociedad globalizada, entre los cuales se mueve el pensamiento y la producción la Arquitectura.

Está surgiendo una apasionante nueva poética para producir Arquitectura hoy. Una apasionante nueva mirada hacia la Arquitectura en el nuevo milenio. Propongo, desde una radicalidad convencida, que al alumno hay que incitarle a soñar la Arquitectura, desde las disciplinas de los distintos niveles de Proyectos Arquitectónicos.

Porque, si no aprende a soñar ahora, ¿cuándo lo hará?

6.

SINOPSIS FINAL NO CONCLUSIVA

Planteamos esta sinopsis como una vía de velocidad para el entendimiento del concepto basilar en el que se sustenta este texto.

Como una intensa mirada hacia la arquitectura, desde el exterior de
la propia arquitectura. Una multiplicidad de breves travesías. Una
metáfora capaz de resumir la complejidad magmática y fluctuante
de la situación actual, surgida como resultado de fuertes procesos
de transformación en las estructuras económicas, sociales y culturales. Un mecanismo de detección de la belleza y la poesía ocultas
en los ámbitos residuales urbanos sin significación y en las arquitecturas de nuestras metaciudades actuales, que no pueden verse,
igual que no podemos ver el aire (Pardo). No pueden verse, pero sí
se pueden localizar, o deslocalizar.

La arquitectura hoy parece que no puede entenderse tomando como
base la poesía que se ha entendido como inherente a ella en el pasado, incluso en el Movimiento Moderno. Esta nueva poesía que parece
reclamar la arquitectura hoy – y, por tanto, la estrategia proyectiva
para producirla– no es una poesía bella, posiblemente –como dice
Houllebecq. Pero es una nueva poesía paradójica, una vacilación, una
flotación, una expectante inquietud, donde todo queda en suspenso,
entendida en base a una sucesión de instantes de incertidumbres
metafísicas, originados en las actuales metrópolis generadoras de
límites porosos, de fluidos de extrañamiento, de devenires mutables.

Metáforas que denotan, a su vez, nuevos territorios metafóricos y
espaciales.

PREMISAS DE PARTIDA

Ante una actual y evidente situación cambiante y en constante transformación acelerada, de la que somos por primera vez conscientes en
la historia de la humanidad, cabe preguntarse cómo se puede abordar una nueva definición del espacio, del proyecto de arquitectura,
de la misma arquitectura hoy y qué nuevos tipos de sensibilidades
y requerimientos son necesarios para abordar –si es posible– una
nueva (o nuevas) definiciones de arquitectura. Y si son, realmente,
posibles estas nuevas definiciones. Ya que, sí son necesarias.

Los ámbitos espaciales de la arquitectura hoy parece que devienen polimorfos, neutros, donde se despliegan con inusitada libertad mensajes informativos, polivalentes, sin emitir significados
aut¢nomos, sin evocar atmósferas concretas, despojados de cualquier car cter individual, m¢viles, transformables, preparados para
acoger la transitoriedad, productos de la no permanencia, espacios
donde la sociedad implosiona, donde se configura un nuevo lenguaje que se abre paso a través del lenguaje desfallecido ya de la
arquitectura del Movimiento Moderno, donde se excava una mirada
absolutamente personal a través del mundo impersonal, donde el
pensamiento conduce a infinitos sitios, donde las ciudades dejan
de ser simplemente escenarios –transmutándose diferentes en cada
nuevo instante y con cada nueva luz– donde se diluye la idea proteica, nihilista y desmesurada de anhelar construir un imposible lugar.

Pero para ello haría falta una nueva definición del concepto de espacio o, en última instancia, un entendimiento del espacio desde lo
fluctuante y lo cambiante: un espacio-movilidad.

Como espacios sin significar, la arquitectura hoy adquiere significado en el reconocimiento individual de estar en ella. El estar en todos
sus ámbitos y en ninguno a la vez –como dice Virilio– se produce
en la acción, en el estar permanente en el vacío intermedio, o en la
transversalidad de los desplazamientos a través de los espacios de
la exterioridad, en esos espacios desgajados violentamente como
jirones, arrancados sin oponer resistencia, de los restos de nuestras ciudades.

Tendremos en cuenta también, evidentemente, como punto de partida, la situación actual en los análisis de los modelos civilizatorios, en la época actual que se denomina indistintamente era de la sobremodernidad, según Augé, sociedad postutópica, según Jarauta, sociedad postindustrial según Daniel Bell, supermodernismo (Ibellings), dentro del fenómeno común de la globalización.

Asimismo, analizamos previamente como operación de situación en un contexto general, la situación actual de la globalización o planetarización, de la que se parte. Asumimos que, dentro del modelo civilizatorio actual es la que existe, y es asumida desde aquí como frío dato de partida. Independientemente de su valoración positiva o negativa. Como una ingente espiral constantemente ascendente que envolviera de manera vertiginosa los infinitos reflejos de la sociedad de hoy.

Planteamos esta breve disertación, por tanto, como un recorrido con una mirada poética hacia el mundo apasionante y apasionado de la Arquitectura, y sus relaciones con el mundo. No desde el ensimismamiento del proyecto, sí de las posibles estrategias proyectivas desde el exterior de aquél.

Hablaremos de arquitectura-proyecto-investigación, en una ecuación heurística en la que estas tres variables se presentan como constantemente interrcambiables entre sí, flucutando entre ellas.

Somos conscientes, por primera vez en la historia, de la complejidad magmática y fluctuante de la sobremodernidad, como resultado de los fuertes procesos de transformación acelerada del mundo contemporáneo: la potenciación del yo, del ego, del individuo la aceleración del tiempo y de la historia y la superabundancia de espacio

La trans-formación de la conciencia del ciudadano desde lo físico interpuesto en su visión originada en la ciudad clásica y que llegó hasta el movimiento moderno, tal y como se entendía hasta ahora. Los vacíos de aquél modelo de ciudad, que llegaron hasta la posmodernidad, y fueron potenciados por ésta, y que significaba lo compartido, están siendo sustituidos a gran velocidad (en el sentido especificado por Deleuze) por los flujos informativos. Se está así, produciendo la desintegración del medio físico de la ciudad como medio compartido, derivando hacia la ciudad entendida como una sucesión acumulada hojaldrada, conformada por una multiplicidad carrolliana de capas icónicas.

Por eso, en la rabiosa mutabilidad actual hibridada en la metamorfosis de la arquitectura del escenario sobremoderno, la inteligibilidad de los ámbitos sin significar de las ciudades parece que no puede entenderse ya, como se entendía con Norberg-Schultz o con Jencks, en los que, las actualmente ya obsoletas connotaciones, y adscritas en aquél momento (como metáforas ensimismadas y autistas) al entendimiento de los espacios de la arquitectura, como identidades y caracteres comunes, suscitaban apasionadas, irrenunciables, inmanentes afinidades.

Nosotros proponemos un acercamiento a la lectura de estos ámbitos tomando como base una serie de agenciamientos –según la definición de Deleuze– de orden antropológico, filosófico, sociológico, y psicológico. Asimismo, tenemos en cuenta la acelerada evolución que han sufrido estos vacíos residuales en el magma cadencioso impregnado de velocidades y flujos de las metaciudades de hoy, debido a las transformaciones aceleradas del mundo contemporáneo enunciadas por Augé ya antes citadas Y también a la radicalizada incursión en nuestra existencia de factores y fenómenos con los que, inevitablemente convivimos, como la movilidad, la velocidad, la simultaneidad de acontecimientos, la escala planetaria, el espectáculo, el simulacro, la globalización o la interrelación entre lo privado y lo público, como característicos de nuestra sociedad sobremoderna y avanzada.

Hoy, el lugar acompaña inherentemente al individuo en su constante multiplicidad de desplazamientos en la anónima cotidianidad de la exterioridad (Pardo). Es un lugar evolucionado y transformado. Es ubicuo, trasladable, desplazable, mutable. Instantáneamente cambiante.

Se puede ya observar el distinto carácter que se quiere imprimir al entendimiento de estas arquitecturas y las estrategias a ellas adheridas.

En otro sentido, presentamos este ensayo como una reflexi∅n, surgida, fundamentalmente, de la necesidad en estos momentos de un pensamiento complejo y multidisciplinar. Si se quiere, como una poética para interpretar la Arquitectura, que posibilita relacionar arquitecturas a través del tiempo y del espacio. En palabras de Lyotard, presentamos "un escrito de circunstancias. Un informe sobre el saber en las sociedades más desarrolladas".

En definitiva, la intención buscada con estas aproximaciones a unas nuevas definiciones de arquietctura, es movilizar y clarificar una estrategia proyectiva como una Máquina Metafórica y Poética viva –posicionamientos creativos y propositivos en relación al marco crítico de la Arquitectura hoy.

Los aspectos fundantes del trabajo se plantean, por tanto, como una serie de devenires, de resonancias, de reverberaciones, de múltiples agenciamientos, de iridiscentes reflejos, de hibridaciones mutables. Como decíamos con anterioridad, una multiplicidad de relatos surgidos de otras disciplinas. Como estruendosas voces que surgieran mezcladas de lo más profundo de nuestros sueños.

Todo ello es posible explicarlo, debido a su complejidad, desde el vínculo común del mecanismo y de la estructura de la metáfora –que recorre transversalmente esta disertación– considerada hoy básica en la generación de los conceptos en disciplinas como la filosofía, el lenguaje, la semiótica, la psicología, la política, la inteligencia artificial o las nuevas tecnologías.

Los proyectos generados hoy, en la era de la Sobremodernidad, se despliegan de manera diversa y múltiple, pudiendo ser entendidos como sueños apasionados, envueltos con arquitecturas, imágenes y palabras. Son, potencialmente, capaces, a su vez, de generar y conectar otras arquitecturas, situaciones vitales, una multiplicidad de relaciones espaciales y temporales. Pueden generar presencias –residuales– no evidenciadas dentro de las azarosamente múltiples trayectorias dibujadas en los mapas de la complejidad configurada en la sociedad del anonimato de hoy.

La investigación en el mundo proyectivo hoy, parece que debe plantearse, entonces, constantemente abierta hacia una variabilidad de ámbitos, a su vez, en constante cambio: magmas que surcan los múltiples rostros de los devenires de la era actual de las transformaciones aceleradas (Augé), de la espectacularidad y del simulacro (Debord).

Un nuevo entendimiento de puesta en valor de lo residual y lo devenido –según Deleuze, lo que aparece sería lo no enseñable– sería extrapolable a una variabilidad de escalas de proyecto. Así, haría entender las arquitecturas y las ciudades como los puntos que estructurarían una urdimbre de estrategias en las que lo que adquiriría valor sería la presencia, precisamente, de lo intersticial, entendido como arquitectura.

Nuestra existencia se desarrolla filtrada a través de nuevos paisajes de ocupaciones evolutivas, que conjugan una condición artificial y natural simultáneamente: nuevos límites en los que las identidades se reproducen y se reinventan instantáneamente en aquéllas. Nuevas ubicaciones. Nuevos referentes.

Una estrategia proyectiva de Proyectos Arquitectónicos puede plantearse, así, en una multiplicidad de ámbitos diferentes, con una evidente diferenciación entre sí y marcadas singularidades, pero que aúnen un marco común de afinidades y proximidades conceptuales: se caracterizarían, según Deleuze, en que sólo diferirían las semejanzas entre ellos, pero sólo sus diferencias los asemejarían.

Por otra parte, las escalas de estas arquitecturas de la espectacularidad y de la interioridad, adquieren una variabilidad de lecturas y aproximaciones; estaríamos hablando, de nuevo, de una multiplicidad de escalas. Así, se pueden generar estrategias que son capaces de asumir propuestas que pueden abarcar intervenciones en el paisaje –intervenciones macroescalares– de reconfiguración del mismo, hasta otras en las que se puede producir el desarrollo de pequeños objetos arquitectónicos, transitando a través de una trama desigual generadora de las múltiples escalas intermedias que se pueden producir entre ambas.

Por otro lado, se podría decir que se entienden como espacios de oportunidad proyectiva y arquitectónica: arquitecturas hibridadas, potencialmente situadas para ser replanteadas, reanalizadas, reconstituidas. Preparadas para adquirir nuevas configuraciones y funciones. Se puede decir que son ámbitos tensionados, productos residuales decantados de diversas épocas, en los que el vacío –en alguno de ellos, preexistente y, en otros, producido artificialmente– se podría configurar como el elemento común de enlace y conexión entre ellos.

Podríamos hablar, por tanto, de estrategias de Proyectos que se plantean en ámbitos diferenciados, estableciendo conectividades entre ellos y con otras disciplinas.

CONCEPTO

Dentro de lo señalado, se trataría de investigar, entre otros, sobre temas relacionados con la escala, lo público y lo privado, lo colectivo y lo individual, el paisaje y el no-paisaje, lo habitacional y lo in-habitacional, la contaminación con otras disciplinas...

La gran potencialidad arquitectónica señalada, permite investigar sobre una variabilidad de planteamientos. Debido a la heterogeneidad y a la especificidad de los ámbitos de planteamiento, cada nivel de investigación en Proyectos puede desarrollar y plantear diversas capas de trabajo, en función de los requerimientos formativos. Asimismo, dentro de cada nivel se pueden plantear alternancias y transversalidades con otros ámbitos de investigación, dentro de un concepto de hibridación.

Desde la visión planteada hasta aquí, los metaespacios de las superciudades de hoy devienen polimorfos, neutros, donde se despliegan con inusitada libertad mensajes informativos, polivalentes, sin emitir significados autónomos, sin evocar atmósferas concretas, despojados de cualquier carácter individual, móviles, transformables, preparados para acoger la transitoriedad, productos de la no permanencia, espacios donde la sociedad implosiona, donde se configura un nuevo lenguaje que se abre paso a través del lenguaje de la arquitectura del momento, donde se excava una mirada absolutamente personal a través del mundo impersonal, donde el pensamiento conduce a infinitos sitios, donde las ciudades dejan de ser simplemente escenarios –transmutándose diferentes en cada nuevo instante y con cada nueva luz– donde se diluye la idea proteica, nihilista y desmesurada de anhelar construir un ya imposible lugar.

Como espacios sin significar, estos ámbitos espacializados –Derrida– adquieren significado en el reconocimiento individual en ellos. El estar en todos y en ninguno a la vez, como dice Virilio– se produce en la acción, en el estar permanente en el vacío intermedio, o en la transversalidad de los desplazamientos a través de los espacios de la exterioridad, en esos espacios desgajados violentamente como jirones, arrancados sin oponer resistencia, de los restos de las ciudades.

OBJETIVOS

Uno de los objetivos principales de la disciplina de Proyectos sería, por tanto, la estructuración y la formación del pensamiento arquitectónico del alumno desde unos posicionamientos radicalizados: enseñar a pensar desde el exterior de la Arquitectura como referente vital e intelectual, en torno al cual se organice una jerarquización y una transversalidad de intereses comunes conducentes a esa finalidad.

Desde esta perspectiva, la enseñanza y la investigación sobre el Proyecto de Arquitectura pretendería abarcar más allá de su propia mirada, más allá del ensimismamiento de la disciplina de la Arquitectura. En este sentido, la conjunción de intereses entendidos desde la exterioridad a lo que tradicionalmente se entiende por Arquitectura, o mundo proyectivo, deviene fundamentalmente una urdimbre configurada desde el entendimiento de la situación cultural de las vanguardias (las que se entienden por históricas y, sobre todo, las actuales, desde las líneas de pensamiento contemporáneo) como referente básico.

La multiplicidad de influencias y de conexiones que se pueden producir, va configurando un mundo hibridado entre la potenciación de la imaginación arquitectónica y su conexión con la madurez en el proceso de investigación: hablamos de la formación integral del pensamiento arquitectónico.

Podemos decir que el objetivo último planteado desde Proyectos Arquitectónicos sería el de la conformación del pensamiento en torno a la Arquitectura, desde el proyecto como ámbito común aglutinante de todas las disciplinas, desde una situación intelectual, heurística, vital.

Enfocado desde la mirada de otras disciplinas transversales además de la propia arquitectura, tales como la filosofía, la sociología y la antropología, el arte en general, dentro de la contextualización de la inestabilidad de la situación actual, que surge como resultado de los fuertes procesos de transformación de las estructuras económicas, sociales y culturales, desde una sensibilidad metafórica e interiorizada, desde fuera de la propia arquitectura. Una nueva forma –una reflexión crítica– de entender y aprehender la arquitectura y los fenómenos socioculturales y productivos hibridados con ella.

Unas nuevas miradas desde el interior hacia la Arquitectura.

CONCLUSIONES

Finalizamos dejando abiertas y dejando suspendidas en el aire de esta sala, una batería de cuestiones, de incógnitas-devenir, incógnitas en constante mutabilidad y transformación. Para poder intentar proponer unas arquitecturas estratégicas –o unas estrategias proyectivas– hoy. Para ello elegimos una serie de referentes, configurados a través de un extracto de textos que nos pueden conducir– como si transitáramos por la multitud de senderos de jardines que se bifurcan de Borges o por los bosques narrativos de Eco.

Si Baudrillard decía que la publicidad lo invade todo a medida que desaparece el espacio público, la calle, el monumento, el mercado, la escena el lenguaje. ¿Nosotros podríamos decir, que desaparece la arquitectura tal y como se ha entendido hasta ahora?

Desde aquí hemos pretendido que estos posicionamientos y pensamientos no desaparezcan en el devenir del tiempo, como gotas de lluvia en una tormenta...

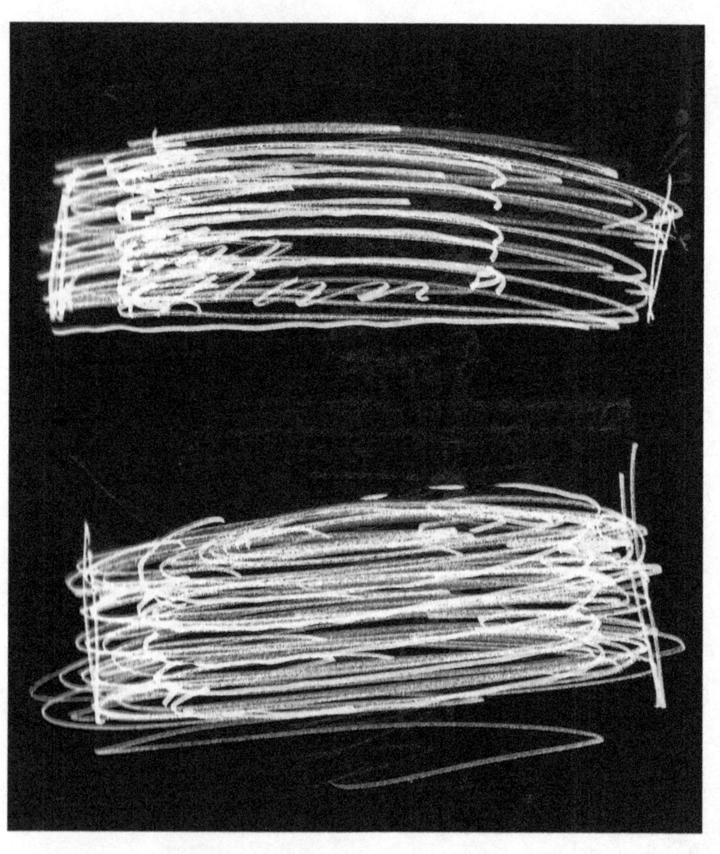

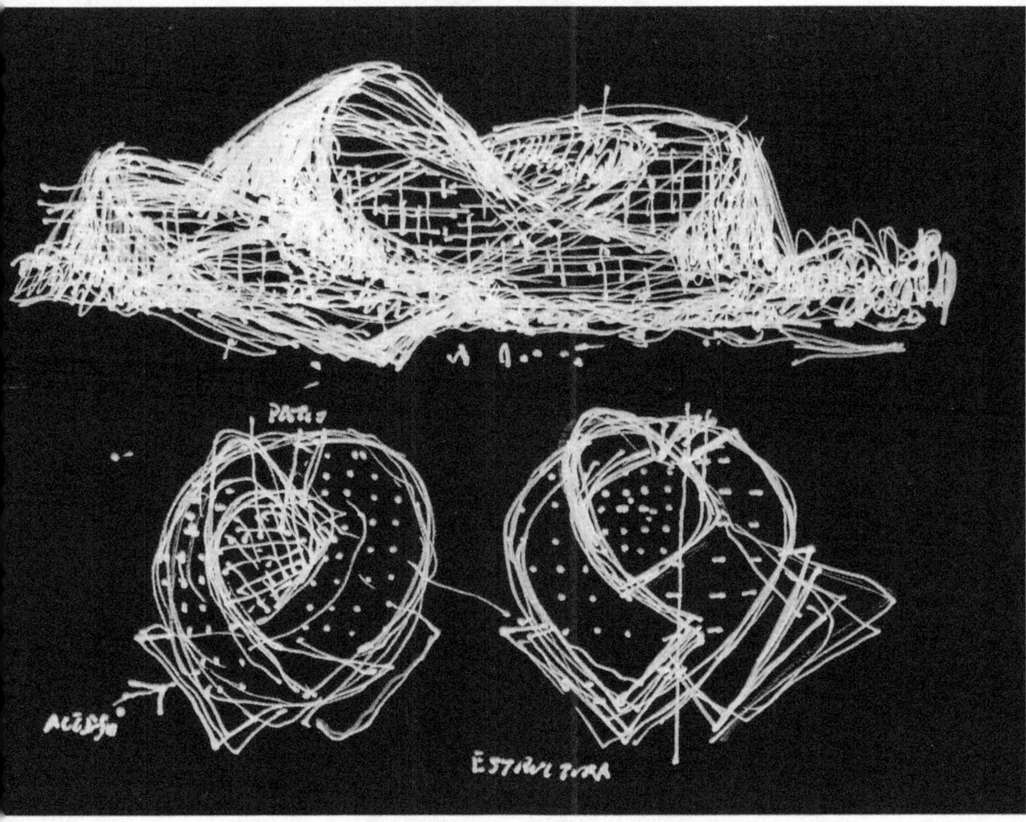

PATIO
ESTRUCTURA

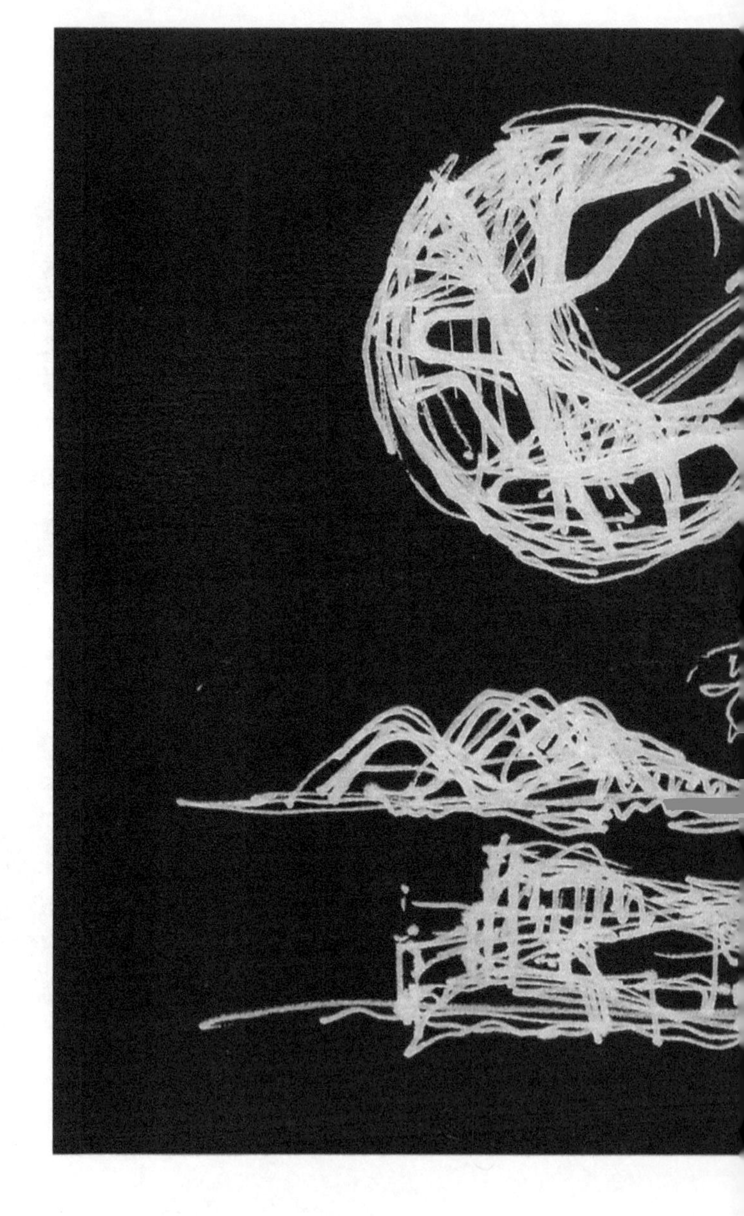

3/11/07

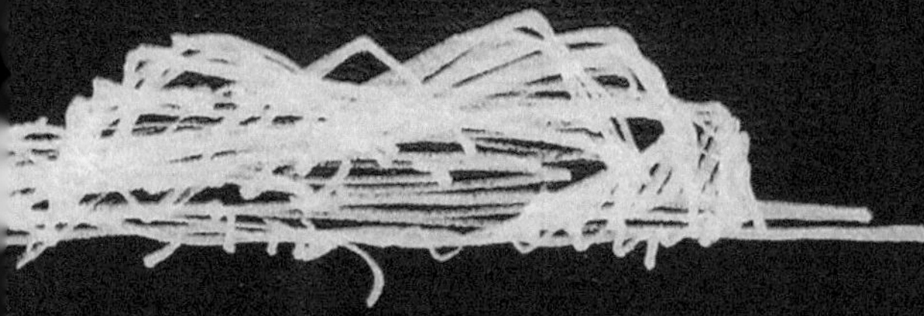

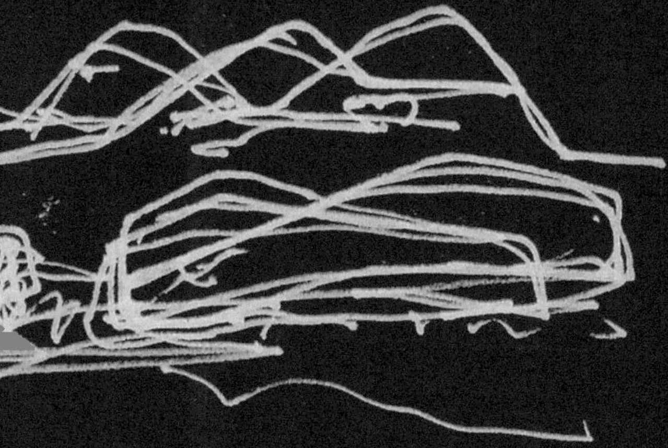

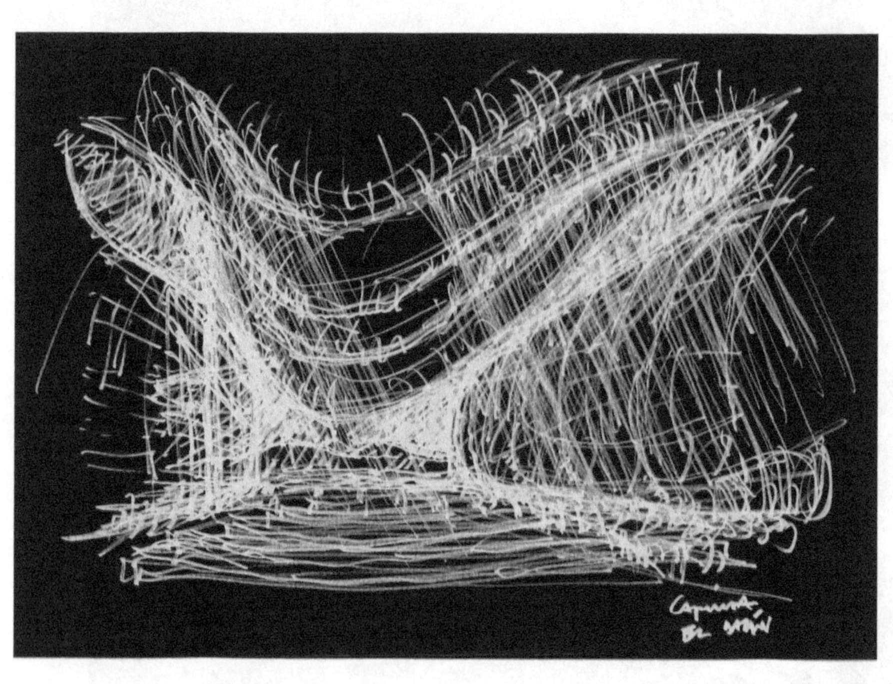

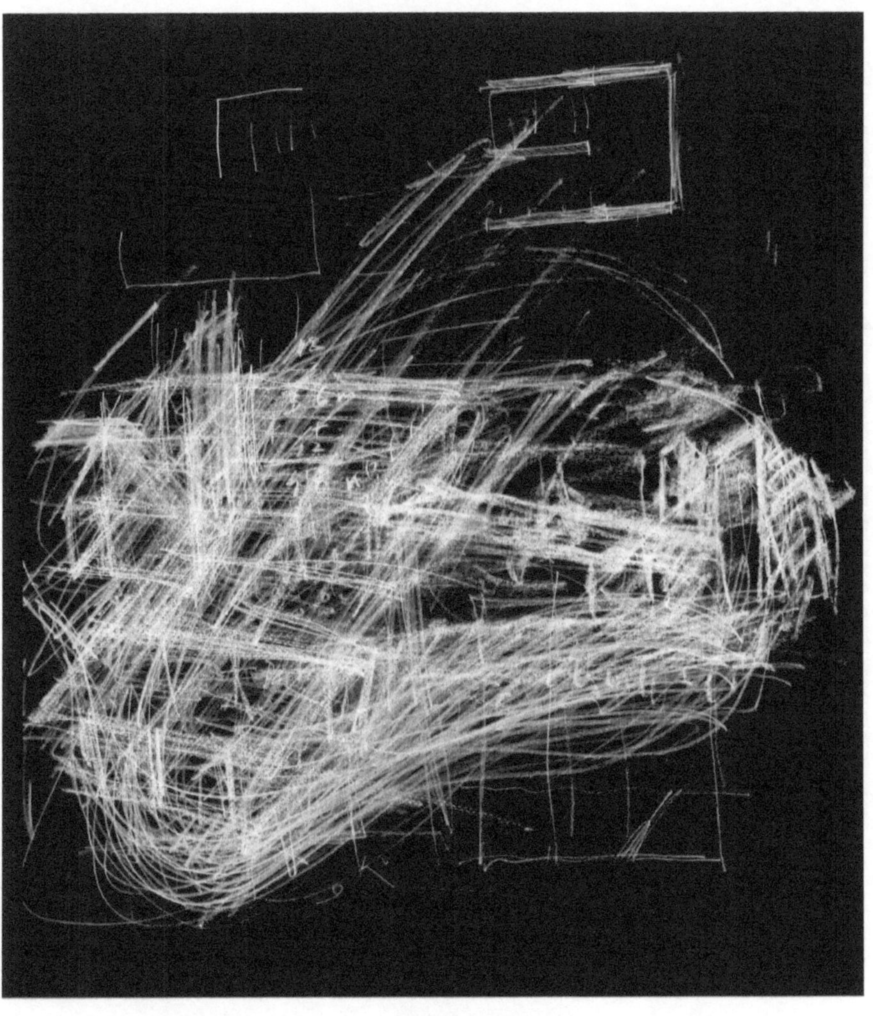

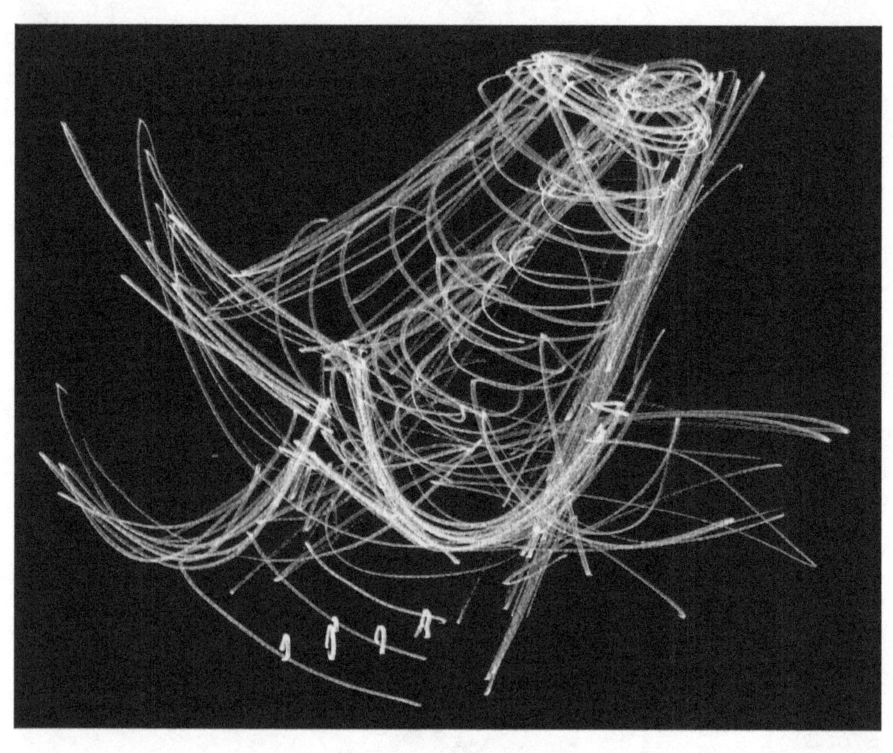

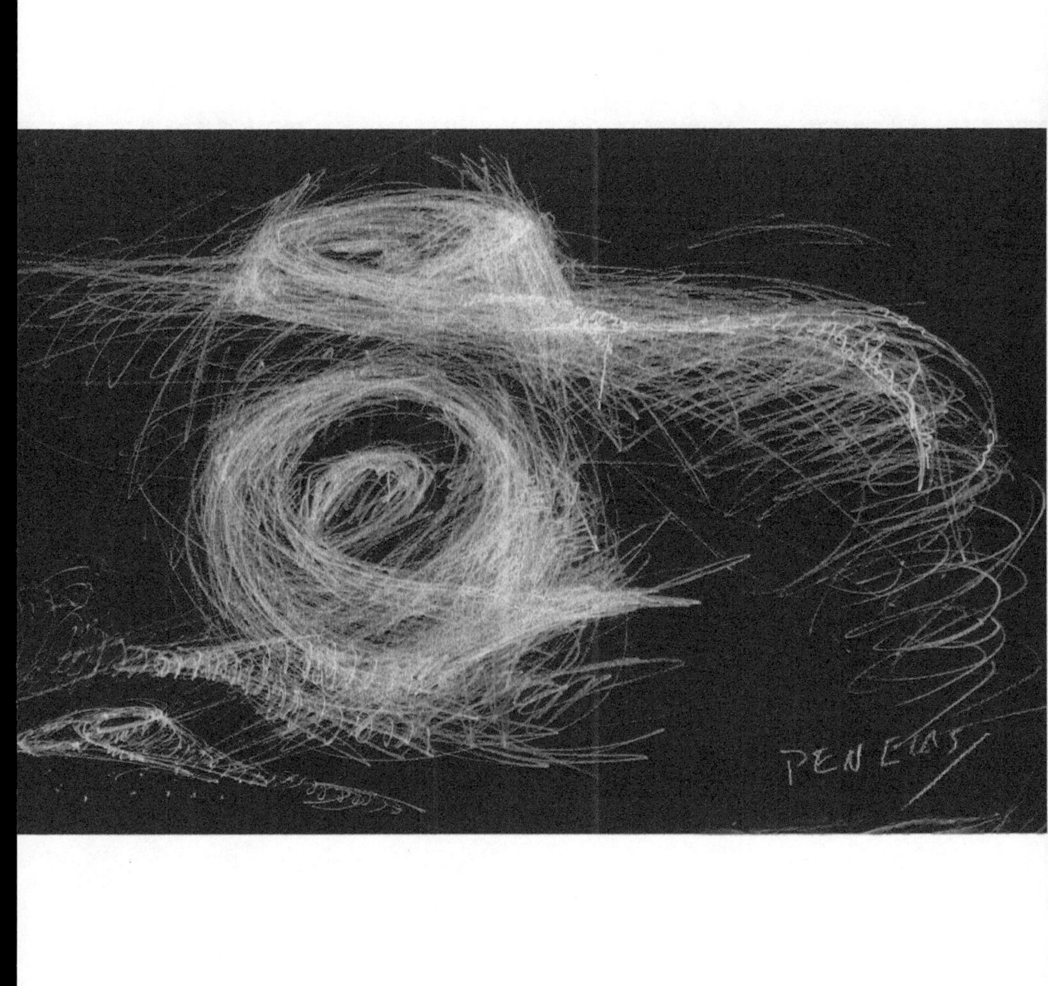
PENELAS

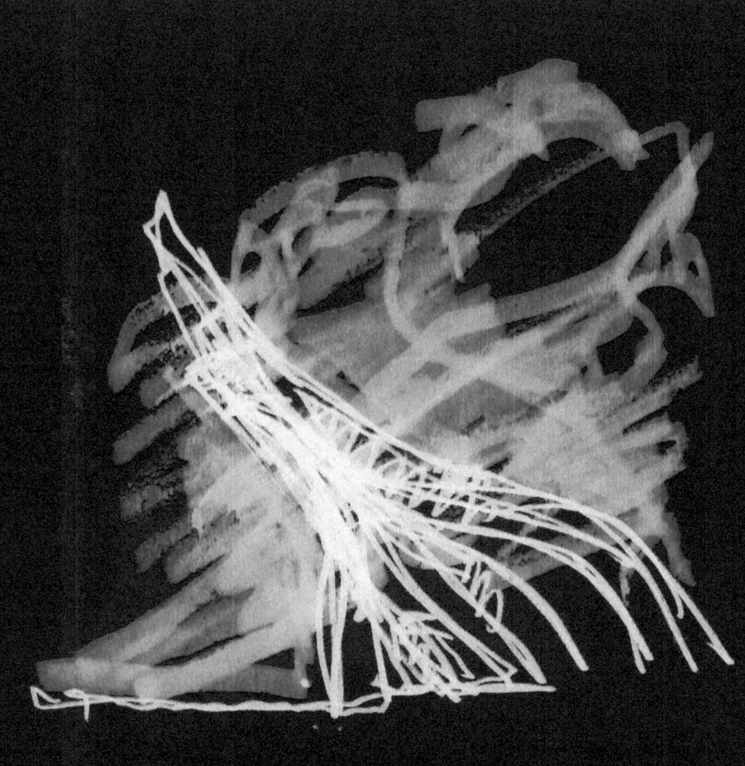

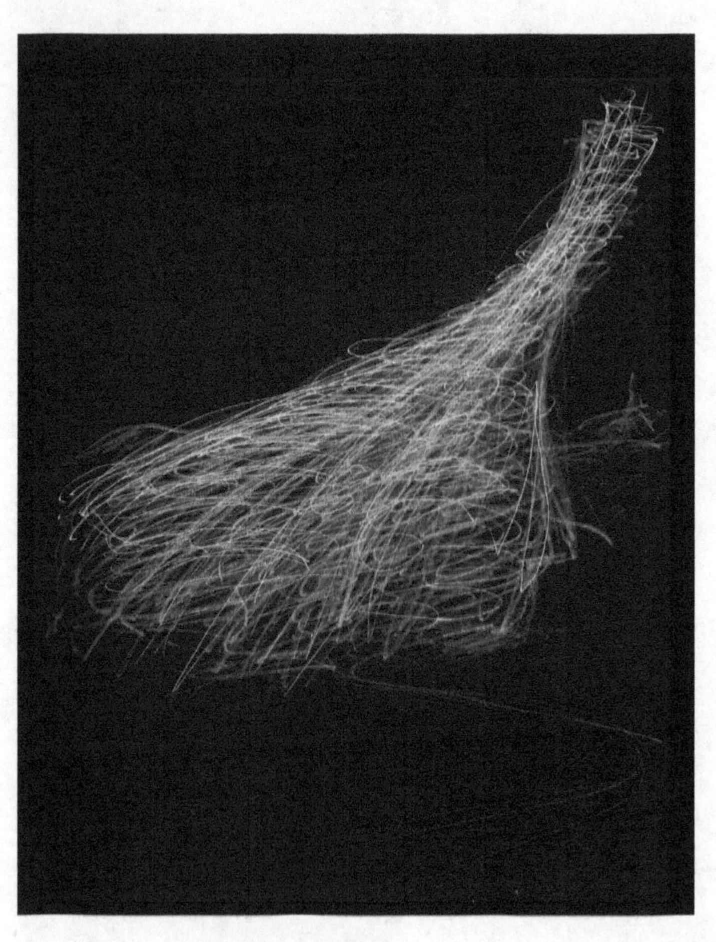

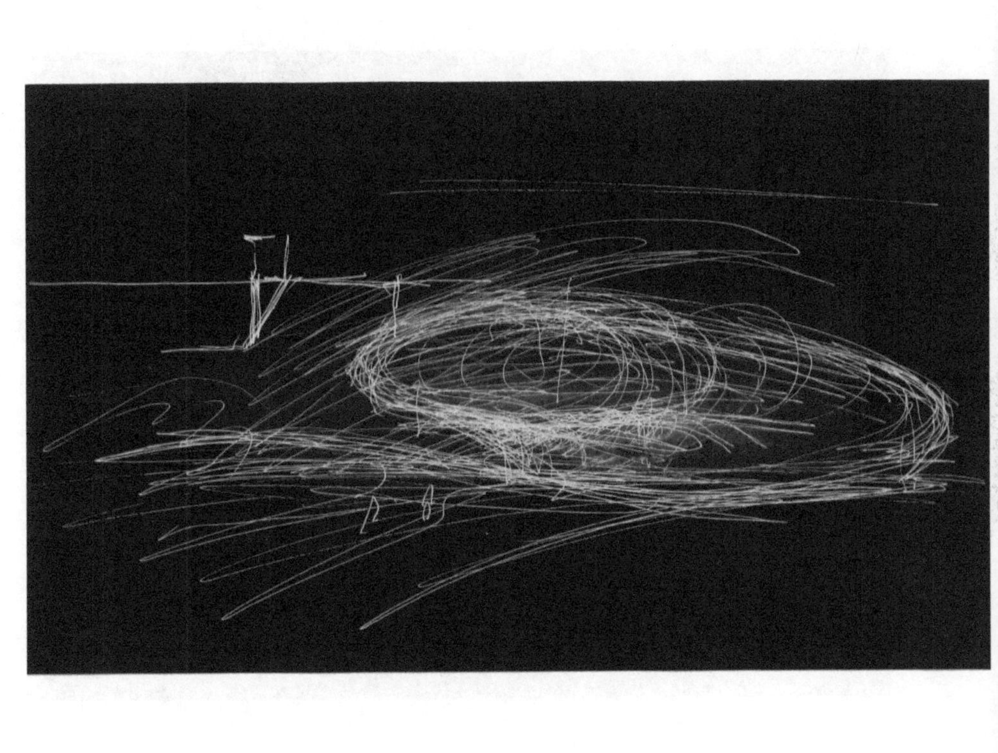

MAS / SEOUL   CLOUD 1
OC 7/ NOV. 14

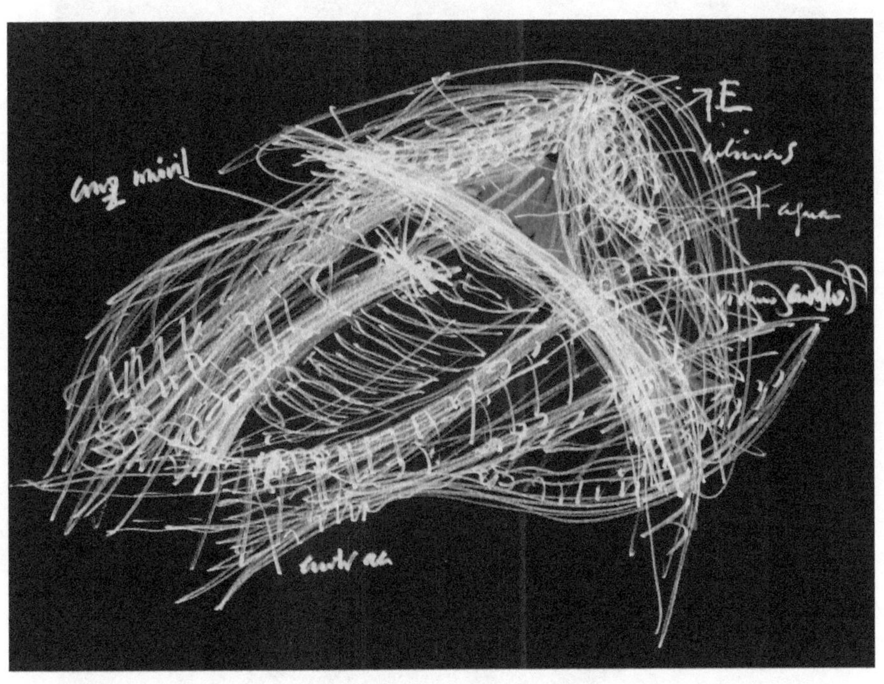

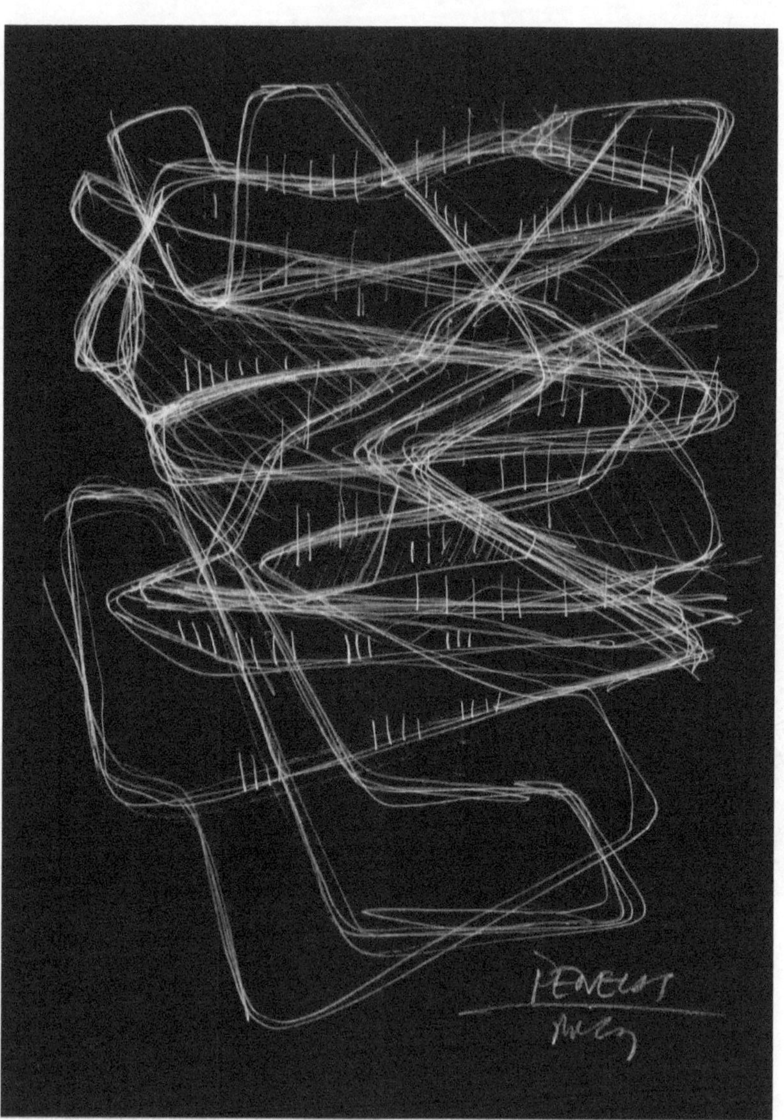

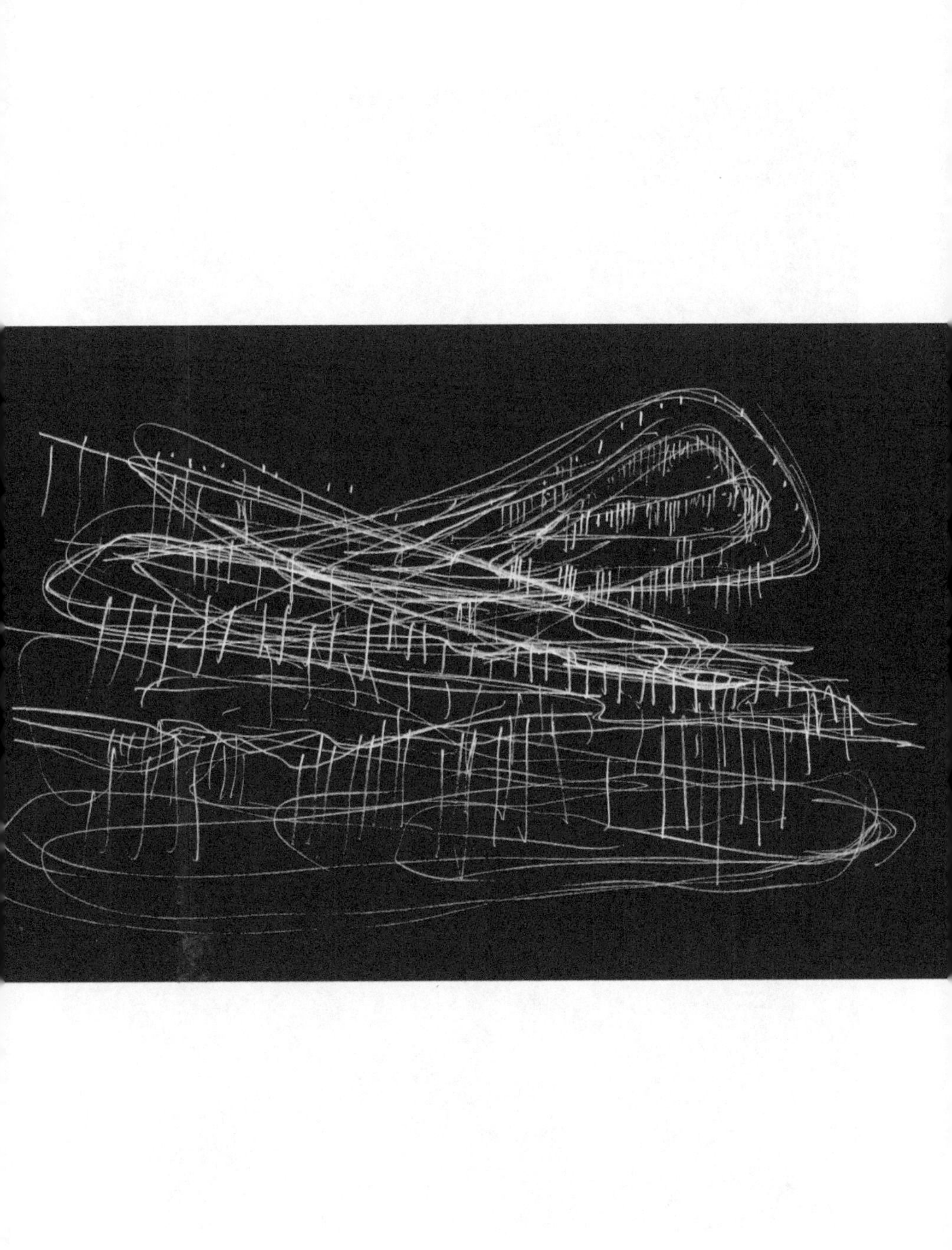

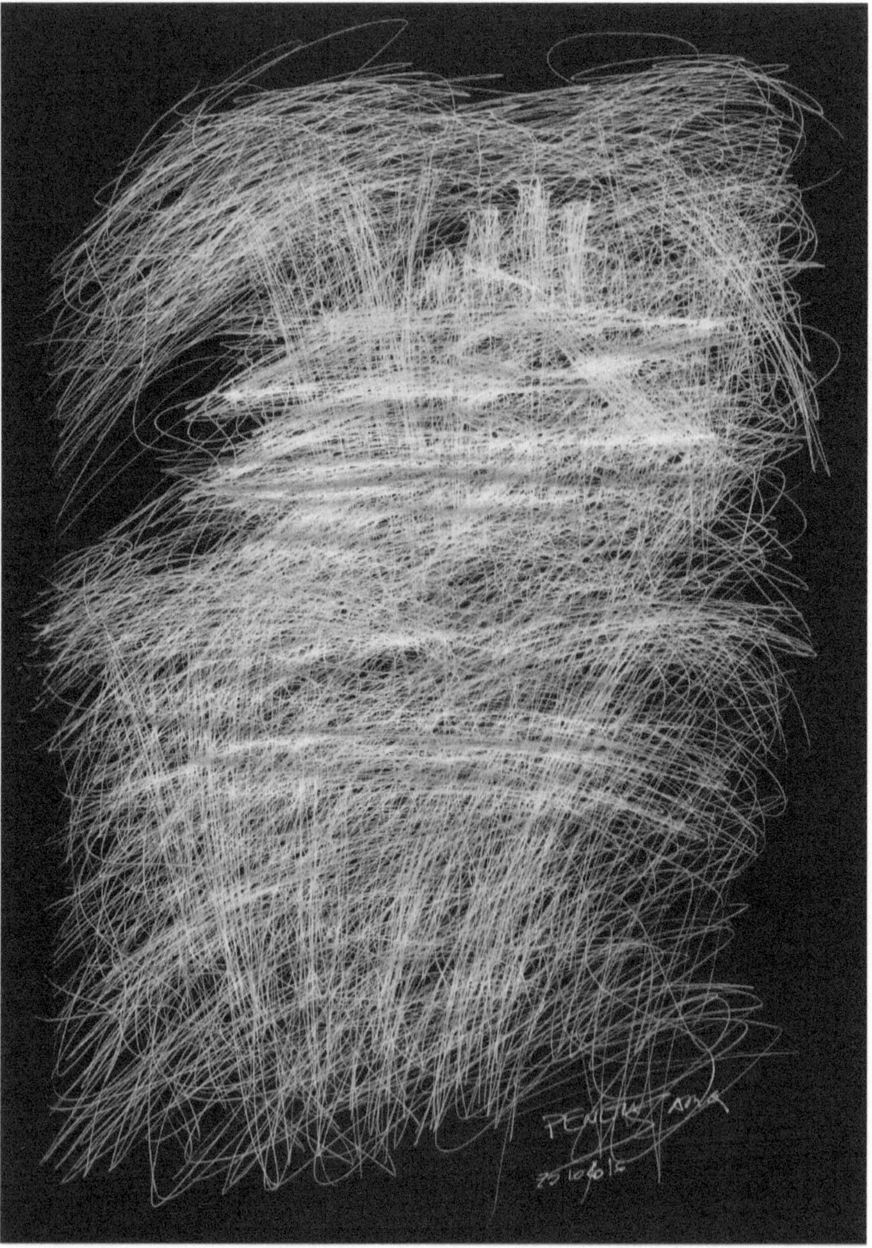

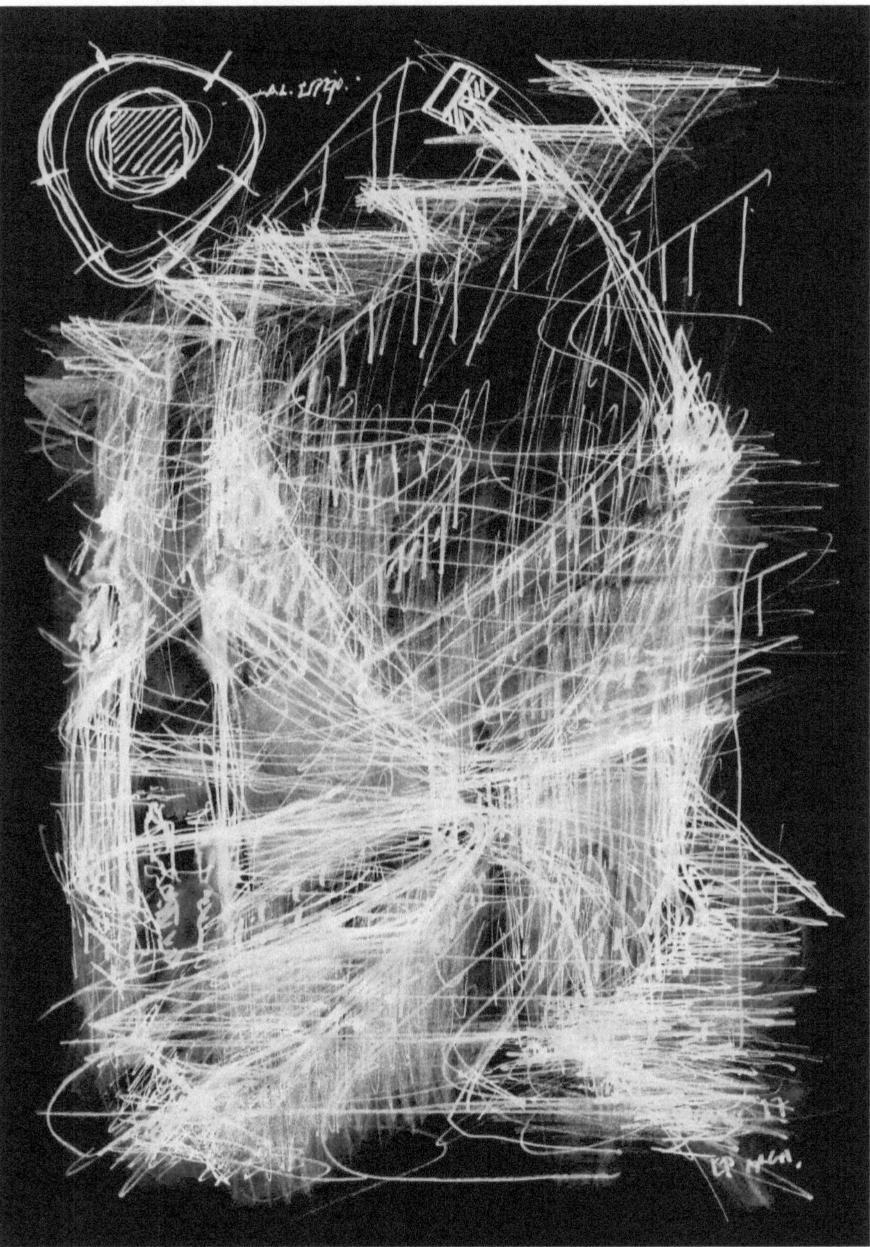